新富裕層のための

戦略的不動産投資

杉山浩一

Sugiyama Koichi

幻冬舎 MC

新富裕層のための戦略的不動産投資

はじめに

不動産投資は危険――2018年に社会問題となった新築シェアハウス〝かぼちゃの馬車〟破綻事件以降、不動産投資に対するネガティブなイメージが広がっています。同時期に金融機関が融資に消極的になったことから、不動産投資に対するハードルが上がっていきました。

市況は決していいとはいえませんが、今でも収益不動産を活用しての資産形成は十分に可能です。極端な超低金利時代の現在、融資を使ってレバレッジをかけることで不動産投資のメリットを享受できるのです。

ただし、不動産投資は誰もが行えるものではありません。というのも、前述したように不動産投資の失敗者が続出した〝かぼちゃの馬車〟以降、サラリーマンに対する融資の扉が閉じているからです。では成功へのチャンスをつかむためには、どのような条件を備えていればよいのでしょうか。

その答えは「新富裕層」です。本書では新富裕層を以下の通り定義づけています。

新富裕層――先祖代々の土地を継承してきた地主や同じく先祖代々の会社（の資産）を継承してきた経営者ではなく、自ら起業して資産を築いたり外資系企業でキャリアアップしたりして高収入を得ている層

新富裕層とは、いってみれば銀行から見て、「ぜひ、融資をしたい人」です。よく銀行の特徴を「晴れているときに傘を貸して、雨が降っているときには傘を引っ込める」などと言い表しますが、銀行は「潤沢にお金を稼ぐ人、資産がある人にお金を貸したい」のです。

〝かぼちゃの馬車〟破綻事件で失敗者が続出した理由は、販売や運営を行っていたスマートデイズに大きく問題がありましたが、そもそも金銭的に余裕のないサラリーマンに対して、不正な方法で融資を貸し付けたことにあります。

具体的には年収700～800万円程度のサラリーマン層の「エビデンスを改ざん」、つまり、実際には自己資金がほとんどないにもかかわらず、あたかも豊富に持っているように見せかけたのです。本来であれば「貸さないほうがよい人」に対して強引に融資をしていたわけですから、破綻するリスクが高まるのは当然です。

一方、給与収入の高い新富裕層であれば資金に余裕があり、加えて競合する存在が少ないです。国税庁の「民間給与実態統計調査（2018年）」によれば、給与収入1000万円超1500万円以下3・6％、1500万円超2000万円以下0・8％、2000万円超2500万円以下0・3％。2500万円超0・3％という結果となっています。新富裕層の年間給与を2000万円以上とすれば、日本の給与所得者の1％未満。

つまり、新富裕層はそもそもの人数が少なく、ライバルがいない状況ですから、圧倒的に優位なスタンスで不動産投資を行うことができるのです。

しかし、ここで肝となるのは物件選びです。融資が大事なのは間違いないですが、融資だけにフォーカスした不動産投資は過ちのもと。「銀行が融資をする物件＝優良物件」ではありません。

万が一、物件選びを間違えてしまえば「リフォームコストが多大にかかる」「空室がまったく埋まらない」といったような事態に陥り、赤字を垂れ流し続けることになりかねません。やはり不動産投資で成功するためには論理的に分析し、戦略を立てることが必要不可欠です。


私は大学を卒業後、不動産業向けノンバンクに入社。融資業務に5年間携わったのち、マンションデベロッパー、不動産コンサルティング会社、経営コンサルティング会社にて9年間、不動産や経営に関わり、延べ200人以上の不動産投資をサポート。300件、600億円の取引を担当しました。

そして、2003年に株式会社プラン・ドゥを創業。リーマン・ショックを経た2008年以降、一貫して「新富裕層」に対して、不動産を活用した資産形成のサポートを行っています。

その経験を踏まえて私が導き出した新富裕層にとっての最適解は、収益性と資産性を兼ね備えた物件を選ぶことです。具体的にいえば【環八×R16】エリアにある中古RC造マンションをお勧めしています。

詳しくは本文に譲りますが、ここでは簡単に【環八×R16】の解説をします。

環八――環状八号線の正式名称は東京都道311号。東京を走る幹線道路で大田区羽田空港から、世田谷区、杉並区、練馬区、板橋区を経由して北区赤羽に至る環状の都道

R16――国道16号線。横浜市を起点に町田市、八王子市、さいたま市、柏市、千葉市などを環状に結ぶ一般国道

つまり、環八より外側、国道16号線より内側の東京通勤圏を指します。具体的に地名を挙げれば、東京都下の小金井市、武蔵野市、三鷹市、調布市、府中市、西東京市、町田市、八王子市、埼玉県の川口市、戸田市、さいたま市、蕨市、越谷市、千葉県の千葉市、船橋市、柏市、松戸市、浦安市、市川市、神奈川県の川崎市、横浜市、相模原市などです。

このエリアは東京郊外でありながら、都心への通勤も可能となり、底堅い賃貸ニーズがあるにもかかわらず金融機関の評価は低く、割安の価格で取引されています。

このエリアには、バブル期に建てられた、質の高いＲＣ造マンションが多く、それらはメンテナンスをすれば、今でも十分に使えます。

ただし、銀行からの建物の評価は「法定耐用年数」で見られるため、バブル期の建物は高い評価はされません。「法定耐用年数」とは、税法で定められた耐用年数のことで、築年数が経った建物ほど「価値が低い」とされて、まだ十分に使える建物であっても、銀行は「古くて価値がない」とみなします。

その結果、融資額が伸びにくくなり、販売価格に影響します。つまり、それだけ割安で買うチャンスがあるということです。

付け加えれば、同様のマンション（競合物件）がこのエリアに建つ可能性が少ないのもまたメリットです。地主の相続対策向けの木造や軽量鉄骨造の新築アパートは増えても、ある程度の規模を備えたＲＣ造マンションが新築される可能性は限りなく低いでしょう。というのも近年の建築費の高騰から、新築ＲＣ造では採算が合いにくいからです。

こうした物件に対して、新富裕層だからこそ受けられる有利な条件での資金調達を掛け合わせることで、効率的なレバレッジ効果を得られます。そして、労力を要することなく安定収入を手にできるのです。

本書では、不動産投資における重要ファクターである収益性と資産性に着目して、「利回り」「立地」「築年数」から各投資手法を分析。そのうえで、最も重要な〝物件選び〟は当然ながら、銀行融資の攻略法から、購入した物件を安定的に稼働させていく方法まで、新富裕層に最適な不動産投資のノウハウをあますところなく解説します。

与信力のある高所得者層にしか手を出せない閉ざされたマーケットだからこそ、限られた人だけが受けられる大きなメリットを知り、活用していただきたいと考えています。本書が新富裕層である皆さんの資産形成を後押しし、人生を謳歌できる一助となれば、著者としてこれに勝る喜びはありません。

目次

第4章　新富裕層は金融機関から高評価！銀行を味方に付ける方法

第1章

不動産投資における重要ファクター

——資産性と収益性とは？

不動産投資の鍵は資産性×収益性のバランス

不動産投資には、区分、戸建て、アパート、マンション、地方、都市圏、築古、新築など実に多くの選択肢が存在します。

当然、投資の目的によって何が最適かは異なってきます。投資を検討する際の指標も、利回り、キャッシュフロー、キャップレートなど多岐にわたりますし、不動産会社のコンサルタントによっても、さまざまな見解があると思います。

〝理想的な物件像〟を作り上げたはいいけれど、なかなかそんな物件に出会えないという方もいらっしゃるかもしれません。

私は、投資すべき対象を考えるうえでは、まずシンプルに【資産性】と【収益性】という2つの要素に分解して考えることをお勧めしています。これによってメリット、デメリットがより鮮明になるからです。

まず「資産性が高い」とはどういう意味でしょうか。

さまざまな要素がありますが、一つは、現在の金融機関による担保評価の際の最重要指標である「積算評価が高い」ということが挙げられます。積算評価が高いことによる、保有期間中のメリットとしては、返済が進んでいる物件の担保余力を利用して、ほかの物件を購入する際などの資金調達に充てやすいということがあります。

また、売却を考えた際も、その物件自体の資金調達力が高いことで、買主となる方の個人属性の縛りが少なくなり、短期間で、より良い条件で販売することが可能となるケースが多いです。

逆に、借入金額に対し、担保評価が低い物件を保有している場合、別の物件を購入しようとした際に、金融機関からの評価がマイナスになることもありますし、売却の際にも、買主候補がなかなか現れず苦労することもあります。

つい6カ月前、新型コロナウイルスの影響を受け、都内に緊急事態宣言が発令されたときのことです。ある自社物件の販売を開始したところ、問い合わせが殺到し、すぐに売却が決まるということがありました。社会情勢という面では、あらゆることに対して自粛の流れがあった最中にもかかわらず、驚くほどスピーディーに売却に至りました。

そのポイントは、やはり担保評価だと考えています。本物件は、埼玉県のマンションでしたが、「積算価格」が販売価格を上回る物件だったのです。このように担保評価が高く、資産性の高い物件は、世相とは関係なく「買いたい」という人が現れることを改めて実感する取引となりました。

ただし、この場合にポイントになるのは、当然ながら〝購入時〟の資産性ではなく、〝換金を考えたとき〟の資産性です。そのため、長期的な視点で考えることが大切です。

積算評価のうち、土地の評価額は、一般的に、路線価×土地面積で算出されます。路線価は相続税評価の基準として3年に1度評価の見直しがありますが、基本的には公示価や固定資産税評価の変動に応じて評価変えがあります。

一方で、建物評価は、再調達原価と耐用年数を基準としているため、築年数が経てば経つほど確実に目減りしていくものになります。

少し話が逸れますが、この、法定耐用年数という考え方について、私は、すでに破綻が見えてきているルールだと考えています。例えば鉄筋コンクリート（RC）造の物件は、構造上は100年の耐久性があるといわれていますが、「法定耐用年数上は47年で価値が0円になる」という設計になっています。

このルールでいけば、「新耐震基準を満たしていて、まだあと50年は使えるマンションの担保評価がまったく出ない」もしくは「極端に短い融資期間しか設定できない」という案件が大量発生することになります。そんな事態に陥っては、日本の経済も大きな打撃を受けるわけで、近い将来、このルールの改定が起こると考えています。

そして、このルールが変わったとき、バブル期に建てられた仕様のいいRC造マンションの価格が大きく見直されることになると考えており、投資家の方にとっては大きなチャンスになると思います。これについては、第3章でお話ししていきます。

さて、話を戻して、次は「収益性」について見ていきましょう。過去を振り返ってみれば、バブル期の不動産投資は「売却益」を得るという目的でした。つまり、この時代の収益性とは、どれだけ不動産が値上がりするのかということです。それくらい不動産価格が上昇することが当たり前と考えられていた時代でした。

これが2度のバブル崩壊を経て、今は保有している間の収益、「運用益」が重要視されるようになりました。「運用益」というと、物件購入価格に対して見込める家賃収入はいくらなのか？という、いわゆる「利回り」をイメージされる方が多いと思います。

もちろん、それも重要な指標です。しかし不動産の運用、つまり賃貸不動産経営にあたっては、保有している期間のなかで、最終的に利益がどれだけ残るのかがポイントとなるわけなので、収入面と支出面を長期的視点に立って分析することが重要です。

具体的には、「継続して賃貸需要が見込めるのか」「家賃の下落リスクはどうなのか」といった収入の安定性や、空室が出た際の原状回復、入居付けにかかる費用、長期間物件を保有するにあたっての修繕費などです。

本来、資産性と収益性は相反するもの？

ここまで、資産性と収益性について見てきましたが、どちらも高い物件というのは存在するのでしょうか？

一般的に、資産性と収益性は相反する要素です。資産性が高ければ、担保評価も高く、売買価格も上がる傾向にあります。売買価格が上がれば、相対的に年間家賃収入の割合が下がるため利回りは下がりますし、反対に資産性が低ければ利回りは上がる傾向にあります。

資産性と収益性はどちらも高いことが望ましいですが、相場、市場の原理が働く以上、資産性の高い物件を高利回りで購入することは難しいというわけです。

そこで、その2つのバランスを見て落としどころを見つける必要があります。もちろん、ご購入される方の資産背景や、投資目的によって何を重視すべきかは変わります。例えば、「相続税対策であれば、収益性よりも土地面積や相続税評価重視」であったり、「エリアにこだわりのある場合は、一般論としての資産価値を求めない」などがあります。

本書では、本業でのご活躍を主軸として、安定的に資産を築きたいとお考えの「新富裕層」の方々に向けて、「資産性と収益性のバランスが取れた物件を狙う」ことをお勧めしています。


投資をする以上、当然収益性は大切です。毎月の家賃収入から金融機関への返済や諸経費を差し引いたうえで、手残りが見込める程度の収益性は確保すべきだと考えています。

ただ、「見込みの総収入」だけを追求した物件選びをしてしまうと、購入後に多額の修繕費用がかかってしまったり、見込んでいた稼働率をキープできずに返済が滞ってしまったりするケースも多くあります。それにより、本業に悪影響が及び、それまでの生活が脅かされる、といったリスクは冒すべきではないと考えています。

加えて、自然災害や異常気象、疫病など、想定外の事態が目まぐるしく起きている現代。本業とされている事業やお仕事も、いつどのような影響を受けるか読み切れないという面が少なからずあるかと思います。

万一、本業での収入が減ってしまった際に大金ではないにせよ、毎月安定的に入ってくる家賃収入や、担保評価が高く、いざとなったら換金できる資産があるということはとても大きな支えとなります。

そういった考えから、当社では、「新富裕層」の方向けに、毎月のキャッシュフローを確保したうえで、長期的に安定した賃貸需要が見込めるエリアで、担保評価が高く換金性もあるというバランスを重視した投資物件を専門に扱っています。

資産性と収益性の観点で分析すれば「中古・郊外・RC」への中長期投資が浮かび上がる

資産性と収益性のバランスを踏まえて、さらに現在の金融環境、賃料、入居率の安定度から将来性を考えると「中古」「郊外」「RCマンション」が浮かび上がってきます。詳しくは第3章で述べさせていただきますが、ここでは、なぜ「郊外」なのか？ その意味合いにだけ、簡単に触れさせていただきます。

ここでいう「郊外」とは都心への通勤圏という意味で、具体的にはドーナツ状に通る環状八号線と国道16号に挟まれたエリアを指します。このエリアは将来にわたって需要が見込めると考えています。

そもそもこの国道16号線の周辺は、戦後、大都市地域に集中してくる勤労者の住宅を賄うために国の政策として大規模に開発されたエリアです。

図表1－1にある通り、1950年代～1970年代にかけて建設された団地が、国道16号線沿いに密集しています。

この政策の一環として、ただ住宅を建てるだけでなく、道路、公園、上下水道等の公共施設、学校、店舗等の公益施設など街としての環境整備が行われました。そのため、都心へのアクセスがよく、住環境としては整っていて、70年近く人がそこで生活を営んできた「実績」のある場所となっているのです。先日、ある銀行の役員と話をしていたのですが、「国道16号線沿いは圧倒的に便利」と言っていました。その人も国道16号線沿いに住んで

図表 1-1　国道16号線沿いの団地

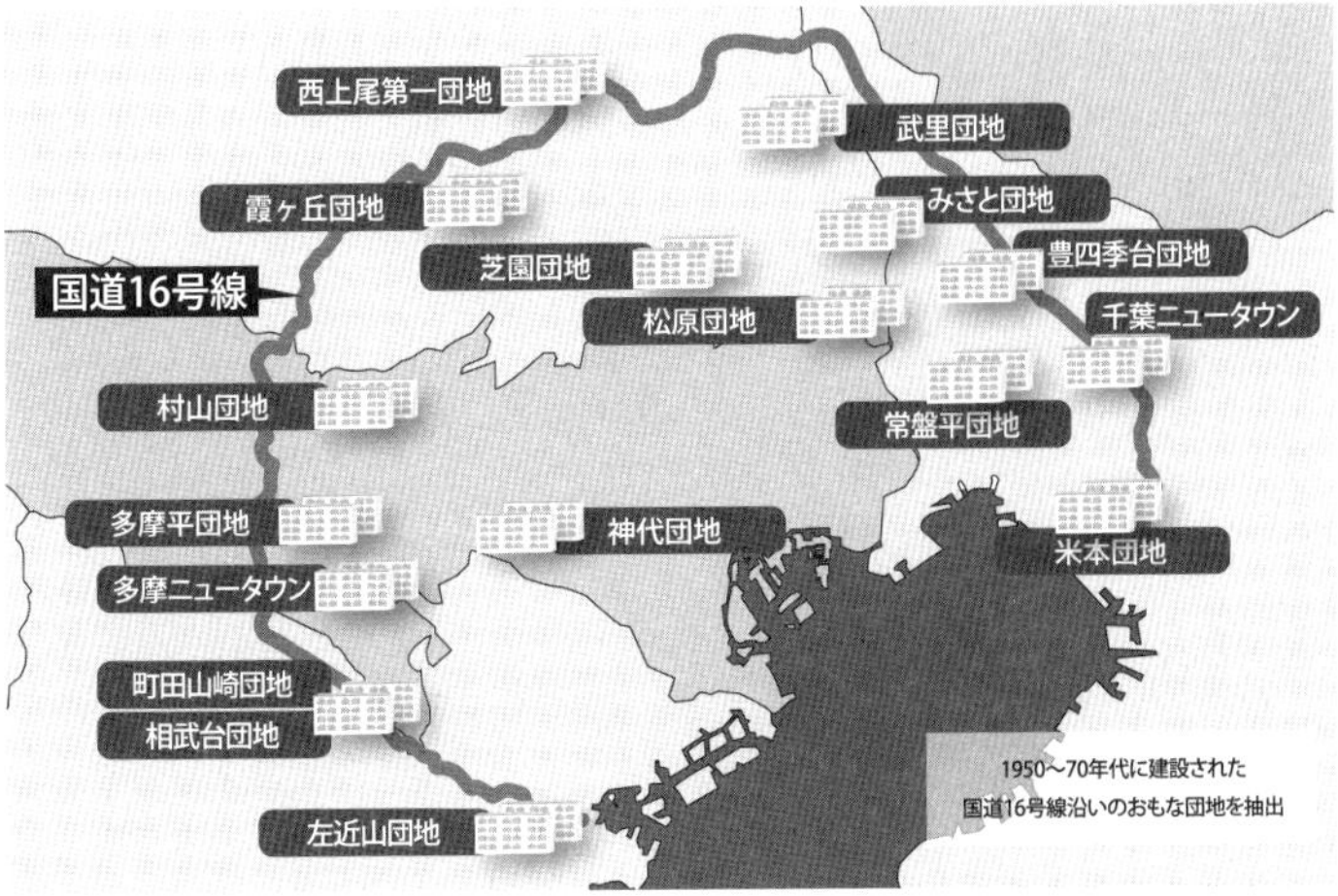

出典：ライフスタイルデザイン国際会議（主催：長野県）をもとに作成

いるのですが、郊外型のショッピングセンターがたくさん建っており、駅前よりも便利ということでした。

そういうと、家族向けの住宅をイメージされるかもしれませんが、このエリアの入居者のターゲットはファミリー層だけではありません。

少子高齢化の進む日本では、アジア系の若い人が加速度的に増えていくと予想します。コンビニのレジは日本人のほうが少ないくらいです。海外からやってきた彼・彼女たちは非常に流暢な日本語を話しますし、接客も丁寧です。

今はまだそうした人たちが比較的低賃金の仕事に就いていますが、来年に延期された東京オリンピックを経て、さらにインバウンドに活力が戻れば「日本人よりも英語を話せる外国人を雇いたい」という流れになる可能性は十分にあります。そうなれば、今よりもさらに外国人が私たちの日常生活に溶け込んでいくでしょう。

彼らは都心で働きますが、都心の高い家賃は支払えません。通勤のできる範囲で払える家賃の部屋が必要とされています。

そうした外国人の増加を念頭に置くと、環状八号線と国道16号線の間というのは、生活利便性が高く、中低所得の若者にも住みやすいと考えられます。

そのほかにも、通勤のために都心への移動を必要としない人たち、つまりシルバー層への賃貸需要も見込めますし、新型コロナウイルスの影響で在宅勤務が急激に加速した今となっては、シルバー層に限ったことでもなくなってきました。

「郊外」は、こういった賃貸需要の安定性・将来性のほかにも、都心に比べて広い土地を使って建てられており、積算評価の出やすい物件や、都心ほど金額が張らずに個人の方が購入しやすい価格帯の物件が多いなど、魅力のあるエリアだと考えています。

チャンスを正しく認識し、チャンスを活かした投資を！

基本的に、住む場所というのは給料で決まります。「いくらまで払える」という金額を算出し、その予算のなかから一人ひとりベストだと思う物件を決めます。

例えば、年収300万円台の人であれば、家賃は6万〜8万円程度が多く、10万円以上出している人は少数でしょう。残念ながら日本人の可処分所得はここ30年横ばいであり、給料が増えなければ家賃に回せるお金も増えません。逆にいえば、これが住宅家賃の安定性につながっています。物価や給与と連動しており、景気の影響を受けにくいのです。

入居率と家賃の安定性を考えてみれば、やはり住宅は景気変動に対する強さがあると感じます。

今回の新型コロナウイルスの影響で商業地にある飲食店は軒並み経営が傾きました。そして、家賃滞納が社会問題化しています。当社の管理物件は98％は住居系で2％が商業系ですが、テナントビルの店舗すべてから家賃減額の依頼がありました。が、その一方で住居系からの家賃減額依頼はほぼありません。

都心のオフィスも新型コロナウイルスの影響を受ける前はバブルを超える入居率（空室率の低さ）でしたが、オンラインでの会議やテレワークなどでオフィススペースがいらなくなり、今後は需要が下がっていくことでしょう。

また、不動産投資を行うにあたり、最も重要視するものに資金調達があります。不動産投資においてレバレッジは不可欠です。少ない資金にレバレッジをかけることで、大きな利益を手にできます。そのためにはより有利な資金調達をする必要があるのです。

その点でいえば、可処分所得と家賃はここ30年変わっていませんが、金利についても異常なまでに低い水準が続いています。

不動産投資では、イールドギャップ（利回り－借入金利）という指標が重要ですが、世界を見渡しても、これだけ高い数字で物件が買えるのは日本だけです。これは個人で収益不動産を購入するにあたり、「長期・低金利」で購入価格に近い融資が組めるからです。異常事態といってもいいくらいです。つまり「やらない手はない」といえます。

銀行融資については第4章にて解説いたしますが、資金調達にあたって優位に働くのは、ごく限られた人たち――新富裕層という属性です。多くのサラリーマン投資家が融資を受けにくいなかで、新富裕層は、金融機関から圧倒的に高く評価されているときだからこそ、大きなチャンスがあるのです。それが今です。

昨今、不動産投資の収益は、値上がり益ではなくて、保有している間の運用益が目的になっているとお話ししました。手間がかからず、安定した収益を生み出す物件であること。そのためには「築浅で高利回り！」「相場に比べて価格が安い！」などといった「掘り出し物」を狙わないことが重要です。

収益物件で長期低金利での資金調達が可能という新富裕層にとって、不動産投資をはじめやすい時流下で、あえてハイリターンを求めて不動産業者のようにリスクをとったり、手間をかけたりする必要があるのでしょうか。そういった物件を探し続けて何年もチャンスロス（投資をしていれば得られた収益を逃す）をするのは、非常にもったいないと考えます。

また、「掘り出し物」を探すためには、不動産会社との厳しい闘いもあります。この場合、仕入れ能力、調達能力、ジャッジ能力が求められるわけですが、個人で太刀打ちするのはまず不可能といえます。

高利回りを狙って安い物件を求めている人は多いですが、不動産会社がどれだけお金をかけて安い物件を探しているかご存じでしょうか。従業員を雇って、日々専属で物件探しをしているわけです。片手間で取り組む方がいくら頑張ったところで、業者に勝つのは無理です。

一攫千金を狙うのは、それを本業でやる人です。すでにしっかりとした本業を持つ新富裕層であれば、手間も心配もない安定路線を狙うことこそが本流ではないでしょうか。決して無理する必要がないからこそ、安定的な投資ができるのです。

第2章

「高利回り」「好立地」「新築」……人気物件の収益性、資産性を分析する

第1節 「高利回り」物件を分析する

前章では、本業で活躍されている「新富裕層」の方にとって、「資産性と収益性のバランスが大切である」とお話ししましたが、本章では、「収益性」を「表面利回り」と「(長期的な)稼働率＝入居率」、「経費」に分解し、①(表面)利回り、②入居率、③経費、④資産価値という4つの観点から、投資対象としてよく目にする物件を分析していきます。
まず、第1節では「高利回り」物件を分析してみましょう。

事例①　地方高利回り物件(利回り◎　入居率△　経費×　資産価値△)

地方では一棟アパート・マンションともに高利回り物件が多いです。一般的に高利回り物件とは、満室になったときの総収入を売買価格で割った値、いわゆる表面利回りが大きな物件のことをいいます。

表面利回り　＝　総収入（満室想定の家賃収入）÷　売買価格

地方の木造アパートなどは、価格帯が数千万円程度の場合が多く手頃に感じるため、サラリーマン投資家から人気があります。こうした物件は収益性が高い代わりに、資産価値が低いケースが多いです。

実際のところ、資産性を無視して収益性だけを追求するという投資の仕方もありますが、見かけの高利回りによって見過ごされがちなリスクがあります。なかでも大きなものは、遠隔地であるがゆえに環境変化に対しての情報にうとくなるということです。競合物件の出現や、近隣の工場や企業の撤退、大学の移転や閉鎖により、入居者募集が突如困難になるケースをよく目にします。さらには管理会社も数多くのなかから選べるわけでもないので、信用リスク、倒産リスクといったものも必然的に大きくなります。

また、高くて魅力的に感じる利回りが、「本当の高利回りなのか？」という問題もあります。利回りが高いということは裏を返せば物件価格が低いということです。そもそも買う人がいないから利回りが高くなっていくものです。

なかには入居率が低いからゆえに、高利回り（あくまで、満室想定）で売られていることもあります。この場合、空室が埋まればいいですが、埋まらなければ価値がありません。加えて「収益性」に関していえば、利回りはもちろん、入居率、コスト（経常的、入退去に伴う原状回復、広告費などのすべての経費）も考慮する必要があります。さらに高利回り物件は物件概要には書いていない修繕コストが発生する可能性があります。特に修繕コストは最初のシミュレーションから外れることも珍しくありません。

本当に5年で元が取れてそこからどんどん儲かっていく物件だとしたら、なぜそれを自分が購入できるのか？という常識のモノサシをもって冷静に判断していくことが必要なのです。

築古の木造アパートは安価に売られていますが、そもそも木造は躯体によってブレ幅が大きく、劣悪な物件に当たりやすいといえます。また構造の特性上、シロアリ被害を受けやすいです。

Ｓ造も構造上の問題で、雨漏りのリスクが高いです。雨漏りはいたちごっこのような側面があり、一つ直して安心だと思ったら次が出てくるということがよくあります。新築なら対策はできているかもしれませんが、中古の多くは雨漏りがしやすいといえます。

木造のシロアリにしても、Ｓ造の雨漏りにしても、中古物件の傷んでいる箇所をすべて正確に見極めるのは至難の業です。


利回りは前述したように満室の家賃から算出されていますが、満室が続くことは現実的には難しいものです。本当の収入はいくらなのかを見極める必要があります。

今入居している人が退去したあとの家賃はどうなるか。新築時に高い賃料で入居している人が出ていけば家賃が下がります。利回りを計算する際には、現在適正でない家賃を相場家賃に引きなおして、きちんと計算しないといけません。

入退去に伴うコストでは、例えば家賃７万円と15万円の部屋であっても、同じ50㎡の部屋では内装工事の金額に大きな差は出ません。したがって、１室あたりの家賃が安過ぎると、マイナス収支になることも十分にあり得るわけです。

なかには入居募集の際に、大きくコストがかかるケースがあります。簡単にいえば、そのエリアの需給バランスが崩れており、供給過多になっているため、高額なAD（広告費）を積んで初めて入居がつくような場合です。

ADとは、入居者募集の際に必要なコストで「AD100％」（広告費として家賃1カ月分）などというかたちで集客のための費用が発生します。この金額が多ければ賃貸仲介店が動いてくれますが、少なければ少ないほど動きが悪くなります。

ADの目安ですが、その地域の空室率などによって相場は変わります。競争の激しい地域や賃貸ニーズの少ない地域など、空室率が高い地域ほどADは高くなる傾向にあります。そのほか、家賃の価格帯でもADの目安が変わります。家賃がそれなりに高いエリアであれば1カ月分、家賃が低いエリアでは2、3カ月分、場合によっては5カ月分というエリアもあります。エリアによって相場の差があるので注意です。

この費用は入居者募集のたびに必要となるため、金額が大きければその分収益を圧迫してしまいます。そのため、収益性を考えるにあたっては重要な項目でもあります。

地方の大学のある町や企業城下町などは、賃貸物件の供給数が多いため周辺に競合物件がたくさんあります。一度、空室がでたら1年近く埋まらず、入居が決まった際には5カ月分のAD支払いがある……となっては、いくら高利回りであっても利益は出ません。

そのほか、経常的なコストの例でいうなら、北海道の物件では、駐車場の路面ヒーターによる光熱費、雪おろしの費用などがかかります。このようにエリアごとに発生するものは異なります。

ここで、2019年における関東甲信越の地方物件成約事例を確認してみます（図表2-1）。

もちろん物件によりけりですが、全体を通してみると表面利回りが高い物件が多くある一方で、都心やベッドタウンの物件と比較して専有面積に対する賃料が割安な物件が多いことが分かります。例えばいちばん上の例では2DKの間取りながら賃料が40000円であり、前述したような修繕等のインパクトが大きくなっている可能性が高いと予想できるのです。

年間収入	利回り（%）	賃料※1	稼働（販売時）
¥3,840,000	13.24	¥40,000	1戸空き
¥6,322,380	15.05	¥29,000 ¥36,000 ¥52,000	満室
¥4,020,000	11.82	¥37,000	2戸空き
¥5,586,000	8.66	¥48,000 ¥40,750	1戸空き
¥5,149,680	9.36	¥42,000	満室
¥4,992,000	9.89	¥52,000	満室
¥2,640,000	14.43	¥42,500 ¥25,000	1Kが一戸空き
¥4,860,000	9.00	¥50,625 ¥50,625	満室
¥24,705,600	16.47	¥64,337	満室
¥8,232,000	9.68	¥45,000	1戸空き
¥3,900,000	18.14	¥23,000	1戸空き
¥4,272,000	12.21	¥35,600	4戸空き
¥5,250,000	8.90	¥49,000 ¥49,000 ¥35,000	満室

※賃料は満室想定賃料と、アットホーム等各ポータルサイトの募集実績から推測

・駅距離が遠い→駅距離が遠いためにリーシングも苦労することが予想される。実際に、満室稼働の物件は少ない
・家賃が低い→埋めるためには家賃を下げるしかないが、すると原状回復費用との費用対効果が悪くなる

※レインズの成約図面と不動産情報サイトをもとに作成

地方の一棟物件に関する論点として最後に、「その物件の土地の価値が相場と比べて適正か否か」という考え方をご紹介いたします。

売買される一棟物件の価格は、「土地部分の価格」と「建物部分の価格」とに分解することができます。そのうち土地部分の価格について、周辺の土地売買事例と比較したときの割高感・割安感を見てみようというものです。

それを説明するにあたって、「山梨県○市／平成10年築／RC造／9000万円／表面利回り10％」と

図表 2-1　地方中古利回り成約事例

成約年月日	築年	構造	駅	駅距離	総戸数	間取り	専有面積（㎡）	価格
19/6/3	S61	S	佐野	22	8	2DK×8		¥29,000,000
19/6/13	S63	RC	常盤多賀	27	14	1R×6	24.9	¥42,000,000
						2DK×4	43.12	
						3DK×4	62.4	
19/7/14	H4	木	桶川	10	9	1K×9	22	¥34,000,000
19/7/26	S62	S	上福岡	6	10	2DK×8	30.9	¥64,500,000
						2K×2	30.9	
19/8/19		木	和光市	13	10	1K×10※ロフト付き		¥55,000,000
19/9/29	H9	木	新前橋	5	8	2LDK×8		¥50,500,000
19/11/29	H1	S	雀宮	19	6	2DK×4		¥18,300,000
						1K×2		
20/1/26	H9	S	鹿沼	バス	8	2LDK×4		¥54,000,000
						3DK×4		
20/2/15	S54	RC	権堂	6	32	1LDK	50	¥150,000,000
						～	～	
						3DK	83	
20/2/22	H10	RC	東山梨	16	15	2K×15	39.1	¥85,000,000
20/2/27	H2	木	新伊勢崎	31	14	1K×14	19.44	¥21,500,000
20/2/29	H5	S	牛久	15	10	2DK×10	42～48	¥35,000,000
20/3/2	H4	S	上総一ノ宮	13	10	1LDK×4	40	¥59,000,000
						2DK×2	40	
						1K×4	20	

いう架空の物件を例にとって考えてみます。

まず、本件の物件価格と固定資産税の土地建物按分から、物件価格のうち土地と建物（と消費税）の値段を求めてみます。

物件購入時点で分かっているのは、評価証明による土地と建物の評価額、そして販売資料に書かれた税込みの販売価格の3点です。

「本体価格が分かっているのだから、消費税額も分かるだろう」とお考えの方がいらっしゃるかもしれませんが、不動産売買において消費税がかかるのは建物部分の価格のみです。そのため、土地と建物それぞれの価格が分からないと消費税は算出できません。

土地と建物の価格を分ける方法がいくつかありますが、「固定資産税評価額」の按分を用いて価格を分けることが一般的です。ということで、まずは土地と建物の価格按分を求めてみます。

本物件の固定資産税評価額が、図表2－2の通り土地価格が1800万円、建物価格が4200万円だったと仮定すると、土地価格：建物価格＝30％：70％となります（図表2－3）。これで、販売価格に占める土地と建物それぞれの価格の按分が分かりました。

ただ、ここで一つ注意してほしいのは「固定資産税評価額に消費税が含まれていると考えるか否か」が人によって異なるという点です。今回は「固定資産税評価額には消費税が含まれない」と考え、「消費税を除いた土地建物価格が固定資産税評価額の按分で算出される」とします。詳しい計算式については省略いたします。

その結果が図表2－4の通りです。

図表 2-2

	固定資産税評価額	販売価格
土地価格	18,000,000 円	—
建物価格	42,000,000 円	—
消費税	—	—
合計	—	90,000,000 円

図表 2-3

	固定資産税評価額	販売価格
土地価格	18,000,000 円　(30%)	—
建物価格	42,000,000 円　(70%)	—
消費税	—	—
合計	60,000,000 円　(100%)	90,000,000 円

図表 2-4

	固定資産税評価額	販売価格
土地価格	18,000,000 円　(30%)	25,233,645 円
建物価格	42,000,000 円　(70%)	58,878,505 円
消費税	—	5,887,850 円
合計	60,000,000 円　(100%)	90,000,000 円

これで、ようやく本物件の「土地」の価格が2523万3645円であることが分かりました。

それでは、ここから一歩進んで考えてみます。この土地価格は、周辺の土地の成約価格と比べると割安なのでしょうか？　割高なのでしょうか？　それを調べるために、「周辺エリアでの土地の積算価格（＝土地積算）と実勢価格の乖離」を見てみることにします。

当然ながら、都心の一等地の土地は土地積算に対して実勢価格が上回り、地方ではその逆になる傾向があります。そのため、付近の土地同士を比較することで「エリアで見たときの割安感・割高感」が分かるのです。

2019～2020年に成約した土地のうち、土地が広く、かつ駅距離がある成約事例をまとめたのが図表2－5です。

事例が多くないため断定的なことはいえませんが、多くの物件が土地積算に近い値段で成約しています。1件だけ特に高い「善光寺駅」はなじみがない駅かもしれませんが、甲府駅からJR身延線で2駅と利便性の高い立地にあります。

図表 2-5

築年	構造	最寄り駅	駅徒歩	面積（㎡）	路線価	土地積算	土地価格	土地積算と比べて
H10	RC	○○駅	16 分	800.00	20,000	16,000,000	25,233,645 円	157%
		石和温泉	17 分	898.00	26,000	23,348,000	19,000,000 円	81%
		甲府	17 分	339.58	43,000	14,601,940	13,800,000 円	95%
		善光寺	13 分	615.09	32,000	19,682,880	27,900,000 円	142%
		甲府	26 分	948.19	40,000	37,927,600	16,000,000 円	42%

図表 2-6

築年	構造	最寄り駅	駅徒歩	面積（㎡）	路線価	土地積算	土地価格	土地積算と比べて
H10	RC	○○駅	16 分	800.00	20,000	16,000,000	25,233,645 円	157%
		○○駅	14 分	964.00	25,000	24,100,000	32,070,000 円	133%

このように見てみると、先ほど求めた土地価格2523万3645円（土地積算比157％）は少々割高なことが分かります。

ちなみに、「成約」ではなく「在庫」の物件をカウントすると、「東山梨駅最寄り」の土地在庫は19件ありました。

そのなかでも特に面積が近かった土地在庫が図表2－6です。

このように、「築年」「利回り」という観点に基づくとお買い得に見える物件でも、そのエリアの土地がどの程度の価格で取引されているかという視点を持って考えてみると、決して手放しに喜べないケースもあります。エリアを絞らずにとにかく利回りが高い物件を買っていくことは、資産性の観点から大きなリスクとなり得るのです。

ちなみにここまで述べてきた路線価は、国土交通省土地鑑定委員会が地価公示法に基づいて判定する「公示価格」の8割程度の水準に設定されています。「販売価格の相場」は「公示価格」の1・1倍程度といわれるケースが多いため、路線価から相場を一律に計算するなら1÷0・8×1・1＝1・375、つまり1・3倍〜1・4倍すればよいという結果になります。もちろんこれは一般論ですので、都心部の土地は路線価から大きく乖離した「ブランド価格」で取引されることも多いです。

その反対に地方物件では、図表2－5にあるように販売価格が路線価を下回っているようなケースも少なくありません。このことは裏を返せば、担保価値とされている価格にまで下げても買い手が現れないということです。担保価値があるように見えてもいざ売ろうとしたときに売れない、売買対象としての魅力が少ない物件も多くあります。

このように、地方物件における「利回りが高いから」「積算比率が高いから」という言葉の裏には何が隠されているのか、常に意識しておくことが必要です。

もちろん物件購入の目的は違いますし、本件も保有期間や出口の建て方によっては大きなメリットを享受できる可能性もあります。

ただ、今後人口減少が見込まれる日本において、建物の情報だけを見るのではなく、「資産」としての土地の価値があるかどうかを見るのも重要な1要素だと考えます。

第2節 「好立地」物件を分析する

事例② ブランドエリア新築区分マンション（利回り× 入居率◎ 経費◎ 資産価値○）

続いてはブランドエリアといわれる都心の物件を分析しましょう。不動産投資の最大の魅力は、長期的に安定した収入が得られることです。そのため立地選びは重要です。確かに理想は都心ですが、個人投資家が一棟物件を都心の一等地に所有するのは現実的ではありません。

100億円以上の資産を持っているのなら、都心で一棟を買うという選択肢もあるでしょう。実際、某財閥系不動産会社は日本を代表するオフィス街である丸の内の大家です。別の財閥系不動産会社は日本一オフィスビルを所有していることで経営利益率20%をたたき出しています。

では、個人投資家は都心で購入できないのかといえば、そんなことはありません。一棟物件を分譲して売られている区分所有マンションであれば購入可能です。

しかし、融資を受けて都心の区分所有マンションを購入するとキャッシュフローは出ません。価格が高騰しきっているため、毎月の赤字分を給料で補填するようなマイナスの投資をすることになります。

マイナスの物件を買うことに疑問を抱かれた方もいるでしょうが、ここで求められるのは「収益性」ではなく、「所得税の圧縮」「将来の年金代わり」「好立地にあるマンションの資産性」を目的とする不動産投資です。

節税目的といっていますが、「損」があるからこそ、所得が下がって税金が減るのです。その損は減価償却で実際のキャッシュアウトが伴わないため、節税したように感じられますが、購入物件が将来的に値下がりしなかったとしたら、減価償却した分は売却時には利益となり、当然のことながら利益には課税がされます。

個人の長期譲渡所得にかかる税率は20％（所得税15％＋住民税５％）となるため、課税所得の大きな新富裕層からすれば、「節税効果がない」とはいえません。しかし、低収益・値下がり前提モデルであることが多く、損を出して所得税を圧縮するというような節税商品となります。

つまり、すでに多額のキャッシュを持っている方にとっては資産を目減りさせるために購入することとなってしまいます。

なお都心の物件に関していえば、資産性は高いように思えますが、区分所有マンションの場合は、あくまで「区分所有」となり、建物一棟の中の数パーセントだけを所有するこ

図表 2-7　ブランドエリア成約事例

成約日	駅	駅距離	築年	構造	価格	年間収入	利回り(%)	備考
19/4/25	蒲田	5	H5	RC	¥245,000,000	¥14,052,000	5.74	満室稼働
19/5/18	初台	7	S62	RC	¥505,000,000	¥27,144,000	5.38	土地約 164 坪
19/6/11	大岡山	7	S61	RC	¥455,000,000	¥28,396,800	6.24	土地約 162 坪
19/7/7	駒場東大前	5	H6	RC	¥91,500,000	¥5,033,148	5.50	東大キャンパス至近
19/7/11	都立大学	3	S63	RC	¥310,000,000	¥17,712,000	5.71	駅近、約 100 坪
19/7/17	中野新橋	2	H4	S	¥230,000,000	¥14,918,400	6.49	南西角地
19/8/3	中目黒	10	S58	S	¥95,000,000	¥4,884,000	**5.14**	整形地、22 坪
19/8/9	恵比寿	7	S62	S	¥320,000,000	¥14,244,000	**4.45**	私道接続
19/8/20	浅草	7	H4	S	¥228,000,000	¥14,172,000	6.22	H31 防水修繕
19/8/29	西大井	5	H1	RC	¥350,000,000	¥15,136,800	**4.32**	土地約 70 坪、南東角地
19/9/30	蒲田	10	H1	S	¥153,000,000	¥11,985,600	7.83	オーナー住戸付
19/11/29	高円寺	14	S63	RC	¥192,000,000	¥13,675,200	7.12	積水ハウス施工
19/12/9	西大井	8	S63	S	¥185,000,000	¥10,850,400	5.87	オーナー住戸付
20/1/17	東高円寺	8	S61	RC	¥210,000,000	¥15,504,000	7.38	単身
20/2/5	駒込	2	S56	RC	¥260,000,000	¥16,572,000	6.37	駅近
20/2/27	中野	10	H6	RC	¥400,000,000	¥24,480,000	6.12	オーナー住戸付
20/3/26	落合	1	S59	RC	¥135,000,000	¥7,284,000	5.40	旗竿地
20/3/30	西小山	5	H1	RC	¥87,000,000	¥5,664,000	6.51	土地約 30 坪

※不動産情報サイトをもとに作成

ととなります。

建物全体に関わる意思決定（修繕の計画）が思い通りに進まず、一棟所有で多くの部屋を抱えるからこその規模のメリットを得られないことになります。

また、立地のよさから将来的に「空室」になりにくく、換金性においても「ゼロ」にはならないという意味では資産性はありますが、「新築」の区分マンションは、「中古」になったときの値下がり幅が大きいものです。これらの理由から新富裕層にはお勧めしません。

ちなみに、好立地であっても構造や築年数によって1～5億円規模で購入できるような一棟マンションも存在します。

実際、2019年～2020年前半の成約事例として20弱の物件がありました（図表2－7）。

しかし、特に利回りに注目してこれらを見てみると、中古物件にも関わらずかなり低い利回りで取引されていることが分かります。

融資条件にもよりますが、これらの物件は多額の現金を投入しなければCFが回らなくなってしまいます。このように好立地の物件は「投資」というよりも、「資産」や「節税商品」としての意味合いが強いでしょう。

第3節　「新築」物件を分析する

事例③　郊外新築アパート（利回り△　入居率○　経費◎　資産価値○）

　では同じ新築物件でも、数のメリットや経営の自由度が得られる郊外にある新築木造アパートを分析しましょう。新築木造アパートは比較的融資年数が伸びやすく、価格帯も1億円程度と手頃、かつ新築だけに入居付けにも強く、ブランドエリアの新築区分マンションに比べれば高利回りのため、サラリーマン投資家から人気があります。

　新築アパートの特徴を挙げればなんといっても「買いやすい」「貸しやすい」ということです。「買いやすい」というのは融資付けのしやすさと価格帯の手頃さです。しかし、これは人気のない土地、資産価値の低い土地だからこそ安価となっている可能性もあり、本質的な価値があるのかは検証が必要です。

また「貸しやすい」というのは新築区分マンションにも通じますが、新築物件には一定の需要があるためで、新築時の入居者が退去した2巡目以降の客付けに苦労しているケースもよくあります。

そもそも新築物件は新築プレミアム賃料と、長期ローンの組みやすさから相対的に割高になっており、売買価格と積算価格に乖離のあるケースが多いです。実際に2019〜2020年に成約した、都心部新築アパートの事例を見てみると、積算比率が低い物件がほとんどです（図表2－8）。

この成約物件から、都心新築RCの時価と積算評価の乖離イメージを表にまとめると（図表2－9）の通りになります。

物件価格が1億6000万円だったとしても、土地値と建物の再調達価格から計算した積算価格は8000万円と半額の評価になってしまうことがあり得ます。すると、その差額である8000万円分がマイナスの評価となり、いわゆる「信用棄損」をしてしまうのです。

図表 2-8　新築アパート成約事例

成約日	築年	構造	駅／駅距離		価格	利回り(%)	土地積算	建物積算	積算合計	積算比率(%)	
20/3/30	H29.1	RC	武蔵境	10	¥170,000,000	5.6	¥39,095,000	¥54,526,200	¥93,621,200	55.1	RC平均 46.1
19/10/29	H30.10	RC	初台	9	¥225,000,000	4.9	¥65,280,600	¥43,622,100	¥108,902,700	48.4	
19/5/10	H31.1	RC	池袋	10	¥226,000,000	5.2	¥52,796,000	¥51,490,000	¥104,286,000	46.1	
20/3/16	R1.8	RC	中野	9	¥329,000,000	4.3	¥48,290,000	¥66,359,400	¥114,649,400	34.8	
19/12/13	H30.1	S	用賀	7	¥293,000,000	5.6	¥72,828,000	¥74,444,700	¥147,277,800	50.3	S平均 41.9
19/8/29	H30.3	S	亀戸	6	¥162,000,000	5.0	¥29,752,000	¥31,477,200	¥61,229,200	37.8	
20/3/22	H30.12	S	亀有	6	¥155,000,000	5.4	¥21,808,000	¥33,699,100	¥55,507,100	35.8	
20/3/25	H30.12	S	門前仲町	6	¥135,000,000	6.0	¥32,400,000	¥26,737,600	¥59,137,600	43.8	
19/6/18	H30.6	W	梅屋敷	7	¥73,800,000	5.7	¥21,000,000	¥14,347,500	¥35,347,500	47.9	W平均 59.6
19/9/26	H30.12	W	尾山台	8	¥152,000,000	5.6	¥96,237,400	¥27,060,000	¥123,297,400	81.1	
19/10/24	H30.12	W	大森	10	¥137,000,000	6.4	¥48,283,200	¥27,679,500	¥75,962,700	55.4	
19/6/21	H31.1	W	上板橋	13	¥132,000,000	7.5	¥51,180,000	¥40,926,004	¥92,106,004	69.8	
19/4/26	H31.1	W	新江古田	10	¥115,000,000	5.5	¥42,452,000	¥25,323,000	¥67,775,000	58.9	
20/1/18	H31.2	W	下赤塚	11	¥129,800,000	7.5	¥43,972,500	¥32,539,500	¥76,531,250	59.0	
19/5/22	H31.3	W	方南町	7	¥127,000,000	6.0	¥52,998,600	¥16,605,000	¥69,603,600	54.8	
19/8/27	H31.4	W	梅島	14	¥113,000,000	7.1	¥23,492,300	¥31,410,000	¥54,902,300	48.6	
19/8/19	H31.5	W	用賀	9	¥275,000,000	6.0	¥120,712,800	¥57,601,500	¥178,314,300	64.8	
19/9/3	H31.7	W	潮見	6	¥120,800,000	6.8	¥43,537,900	¥23,814,000	¥67,351,900	55.8	
									積算比率平均　52.7%		

※再調達価格は RC：190,000 円 / ㎡、S：170,000 円 / ㎡、W（木）：150,000 円 / ㎡で計算

※不動産情報サイトをもとに作成

図表 2-9　都心新築 RC の時価と積算評価の乖離イメージ

		時価	積算評価
土地価格	面積	100 ㎡	
	単価／㎡	100 万円／㎡	50 万円／㎡
	価格	￥100,000,000	￥50,000,000
建物	延床面積	150 ㎡	
	単価／㎡	40 万円／㎡	20 万円／㎡
	価格	￥60,000,000	￥30,000,000
総額		￥160,000,000	￥80,000,000

時価 1 億 6,000 万円　　積算評価 8,000 万円

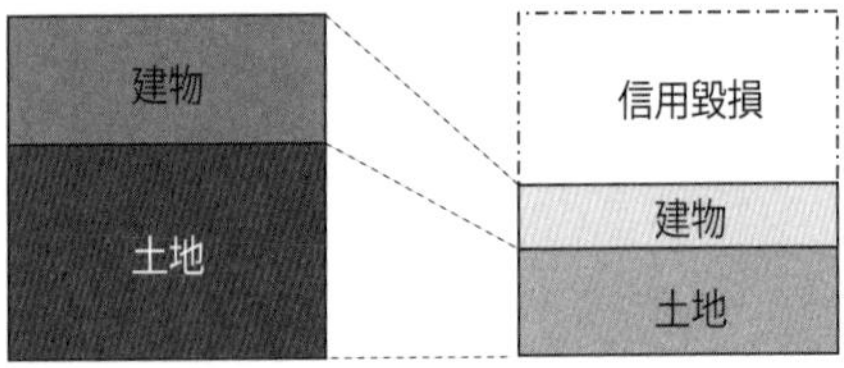

単体ではローンが組みやすい分、バランスシートを悪くしやすいため、こうなるともう融資を受けることができずストップしてしまいます。

さらにいうなら、一見すると土地面積が広い物件でも字型が悪かったり（いわゆる旗竿地）、私道に接続していたりと道路付けが悪い物件が多い印象です。

なぜなら人気エリアで道路付けの良い・資産性の高い土地は既に物件が建っているケースも多く、好立地を狙えば狙うほど「字型が悪いけど・接道は悪いけど入居付けには問題ない」という物件が数多く建てられることになるのです。

このような理由から、本業に集中し、手間やリスク、精神的な不安をできるだけ少なくしながら安定的に資産を増やしたいというならば、新築はお勧めできません。

確かに新築は高い家賃で貸すことができますが、その家賃は新築時限定のものであり、中古になれば一気に下落していきますので、いざ売却しようとしたときの価格の下落幅が大きくなり、長期ローンが組める分だけローンの元本返済は進んでおらず、売るに売れない債務超過物件になりかねません（図表2－10）。

新築のメリットは、前述した以外に「ローンが長く組める」「最新の設備・間取りを取

図表 2-10　経年による建物構造別賃料下落率

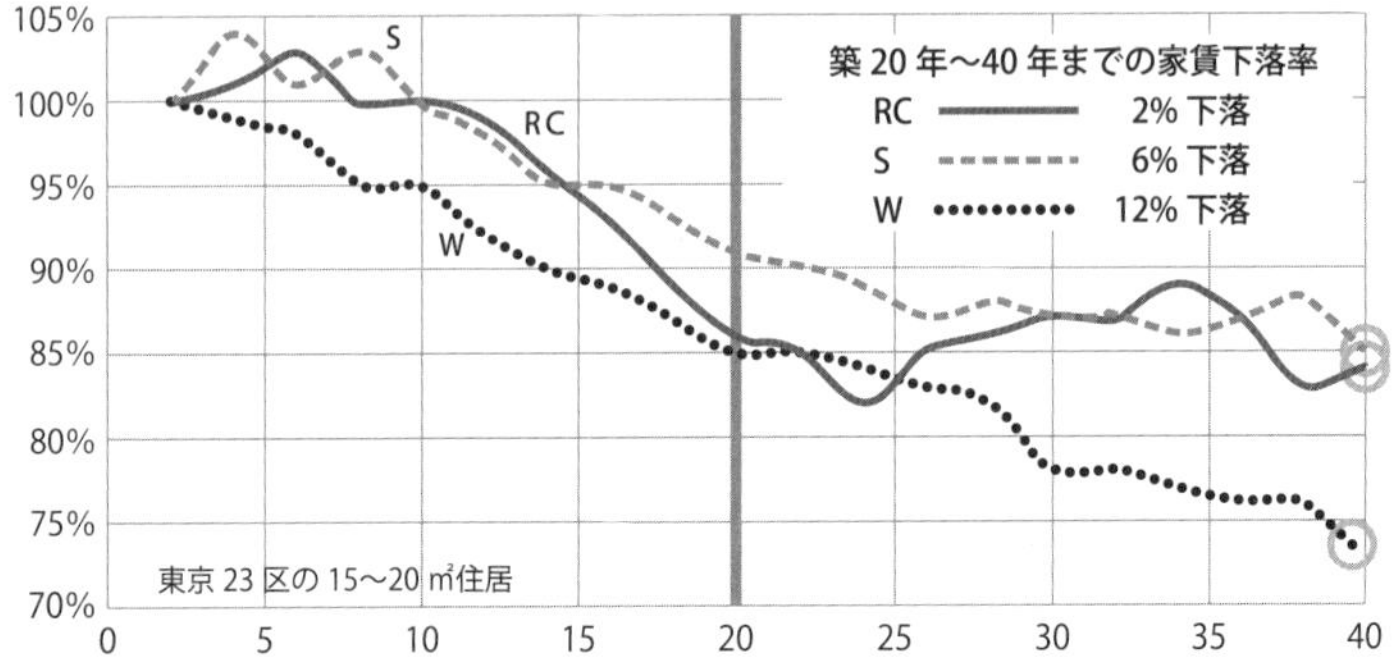

出典：「不動産投資 1 年目の教科書」（東洋経済新報社）をもとに作成

り入れられる」などが挙げられますが、5年経てば流行ではなくなっています。

最近は土地から購入し、ご自身でプランやデザインを決め、建築会社に発注・建設することで不動産業者の建売アパートより格安に原価を抑えられたという方もおられますが、アフター対応も含めて手間をかけるくらいであれば、新富裕層は本業で稼いだほうがはるかにお金は残るはずです。その点を十分に考慮する必要があると考えています。

相続税対策で不動産投資ができなくなる!?

ご存じの通り、相続税は相続税評価額による累進課税制度を用いています。つまり、相続税評価額が高くなれば相続税額が大きくなり、低くなればその分相続税額が減って節税対策になります。

バブル期は不動産価格がその収益性にかかわらず、どんどん上昇していきました。そのため、ただ先祖代々都心に土地を持っていたというだけで資産家になりました。

それに伴って固定資産税は上がり続け、相続に至っては高騰しきった土地評価で相続税が課税されるため、都心にある木造平屋の老舗商店などは、所有者がなんの対策もせずにそのまま亡くなると膨大な相続税を支払うため、店舗のある土地を売却するしかありませんでした。

そこで借金をして、木造平屋の店舗を収益不動産に建て替えて収入を得るという、節税方法が流行りました。そもそも不動産の相続税評価は時価よりも安いので、多くの場合、不動産を購入するだけで評価の圧縮効果があります。

さらに購入にあたりローンを組めば、借入額は相続税評価額から控除できます。つまり、不動産の相続税評価額と時価の差額分と、ローンによる借入分の、ダブルで節税効果を発揮するわけです。

しかし、相続税対策として不動産投資を行うのは今後、通用しなくなる可能性が出てきました。２０１９年の後半、新聞で話題になっていましたが、実際に裁判でオーナー側が敗訴しています。

そのケースでは、相続対策として相続前に銀行から10億円相当の借入をして、相続税評価が極端に低い物件を購入したということで、国税当局から「相続税評価額を不当に圧縮した」とみなされました。東京地裁は国税庁長官の指示による評価を認め、相続人の主張を棄却したのです。

結果、10億円以上のきちんとした時価評価に戻され、そのオーナーは追徴課税されることになったのです。今回は、ある意味見せしめとしての判断が下されました。「税逃れのため資産を圧縮することを許さない」という税務署の強い意志を感じます。

私は、いずれにせよ、今後は相続税目的の不動産投資はなくなっていくと思っています。それは行き過ぎた節税対策を国税庁が認めないという理由からだけではありません。金利がこれだけ低くて収益性が高いと、相続対策なのに相続資産が増えてしまうという結果になり、かえって資産形成のチャンスになっているからです。

下手に資産の圧縮を狙うのではなく、安定資産を増やしつつその過程で生まれた資金の一部を正々堂々と納税する、という姿勢が新富裕層にはふさわしいと思います。

第3章

新富裕層が狙うべきは環八×R16エリアの「中古RCマンション」

狙うべき郊外は「環八×R16号」

まずは「郊外」の定義です。一口に郊外といってもさまざまですが、当社のターゲットとしての「郊外」は、環状八号線と国道16号線の間を指します（図表3－1）。

なぜ、この郊外エリアを勧めているかというと、まず「都心にドア・トゥ・ドアで1時間程度でアクセスできること」、そして「バブル期には多くのRCの賃貸マンションが建築されていること」が挙げられます。なぜ、バブル期に建てられたRCマンションをお勧めするのかについては99ページにて後述いたします。

東京の面白いところは、地方都市と違い、人が集まるターミナル駅がたくさんあることです。大阪、名古屋、福岡などの中心部は一カ所に決まっており、東京ほど範囲が広くありません。東京の場合は、東京都を中心にして千葉県、埼玉県、神奈川県を合わせて東京

図表 3-1　環八×R16 の地図

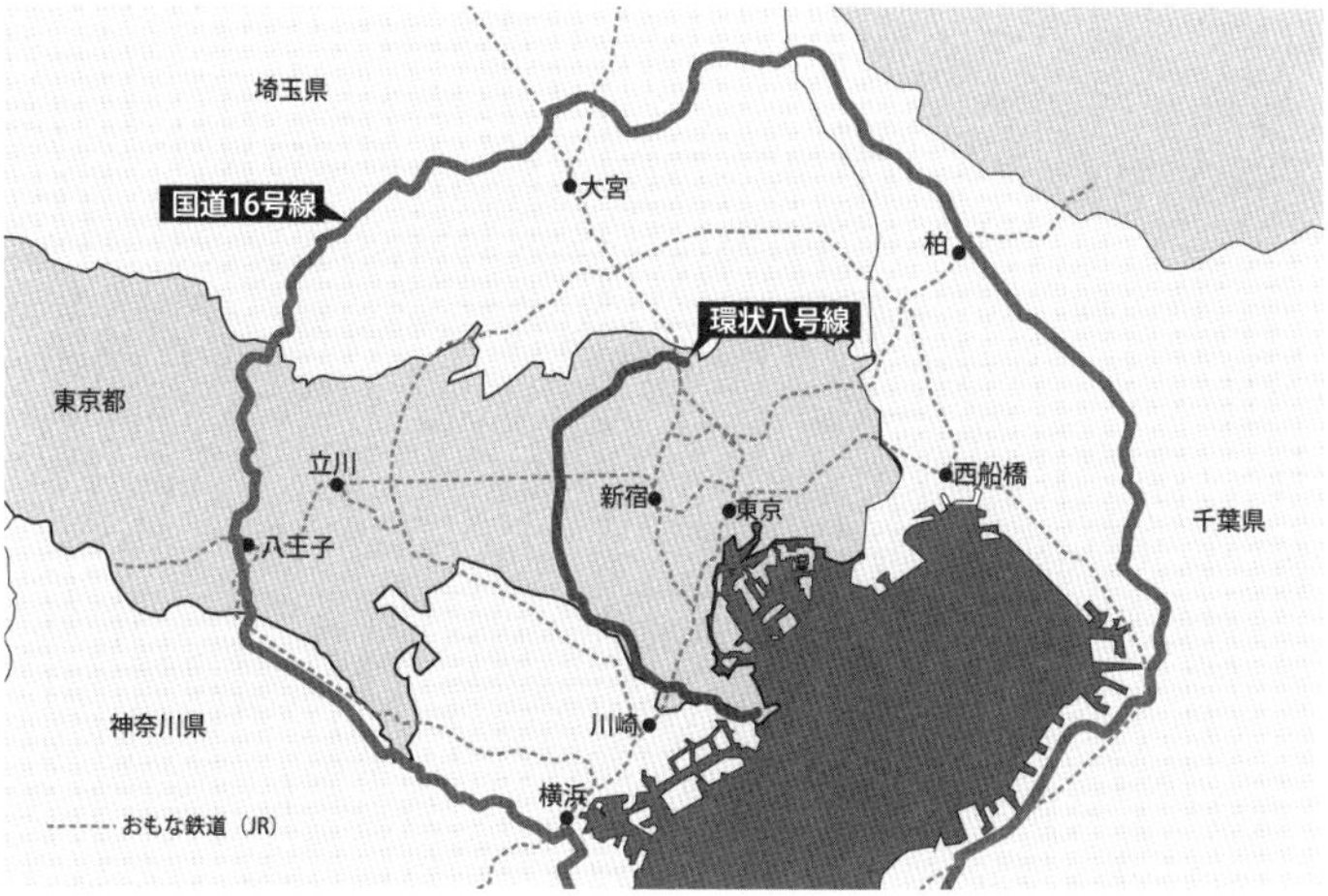

図表 3-2　一都三県の世帯数と人口推移（1990 年を 1 とする）

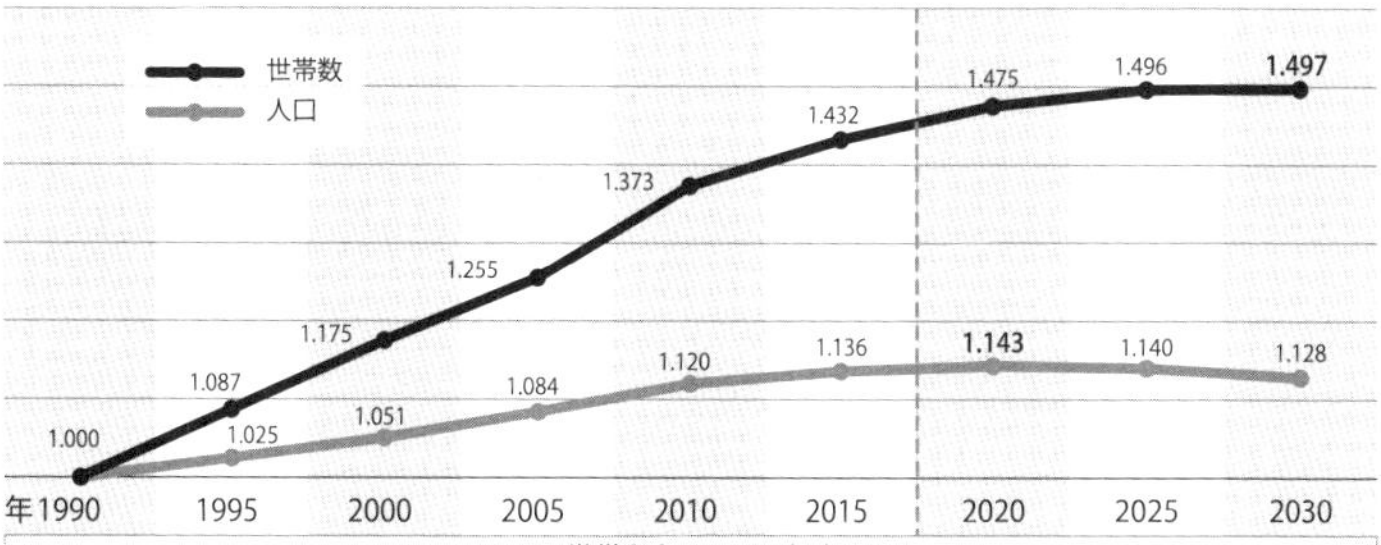

1 世帯あたり人員（人）								
2.76	2.61	2.47	2.37	2.26	2.19	2.13	2.08	2.04

2015 年までの実数は「平成 27 年国勢調査結果」(総務省統計局)
https://www.e-stat.go.jp/stat-search/files?page=1&layout=datalist&toukei=00200521&tstat=000001011777&cycle=0&tclass1=000001011805
2020 年以降の予測は「日本の地域別将来推計人口 (平成 30 年推計)・日本の世帯数将来推計 (平成 31 年公表)」(国立社会保障・人口問題研究所)http://www.ipss.go.jp/syoushika/tohkei/Mainmenu.asp
をもとに著者作成

通勤圏を構成しています。その面積は広いため、各方面からのターミナルとなる駅も、新宿・渋谷・品川・池袋・上野など数多く、そこから放射状に延びる沿線が住宅地（ベッドタウン）として発展してきた歴史があり、最も人口が集中しています。

前ページの図表３－２は、「一都三県の世帯数と人口推移」です。ここから読み取れることは、一都三県の人口のピークは２０２０年で、そこからゆるやかに減少していきますが、世帯数は２０３０年まで増加傾向にあります。

つまり、人は減っても住まいは求められているのです。

郊外中古RC分析（利回り◯ 入居率◯ 経費◯ 資産価値◯）

ここからは、本書のテーマでもある、資産性と収益性という観点で見た際に、私が最も評価できると感じている「中古郊外ＲＣ」について分析していきます。

郊外中古ＲＣをお勧めする最大の理由は資産性と収益性のバランスの良さです。前出のように「見かけだけの高利回り」や「今だけの高利回り」の物件ではなく、「安定賃料」「安定稼働」「安定コスト」であってこその収益性の高さです。

資産性については、将来的に価値の下がらない立地……高級ブランドバッグのように、土地にブランド価値があり、どんな時代になっても絶対に借りる人がいる。絶対にゼロにならない。極論をいえば、銀座などの超都心を買えば安心かもしれません。

でも、そこまで極端でなくてもいいのではないでしょうか。価値の下がらないブランドバッグを買うような感覚で、都心の新築区分マンションを購入して、せっかくの収益性を捨ててしまうのは非常にもったいないです。

億単位の投資ができる新富裕層であれば、資産性と収益性のバランスのよい東京通勤圏の郊外で、一定の規模感のある中古ＲＣマンションをお勧めします。

高利回り・高入居率・高資産価値の掛け合わせとなり、安定的な家賃収入を得ながらにして、その資産性を末永く維持できます。

実は中古物件に対して「融資条件が悪い」というのもチャンスとなります。新富裕層に対して、個人の属性として融資に有利に働くと前述しましたが、築年数の経過した中古物件は、物件自体がハンデを負っています。具体的にいえば、法定耐用年数の残りが少ないことがネックであるからこそチャンスなのです。このことは第4章で詳しく説明します。

もちろん、郊外中古RCが唯一の正解だとは思っていませんが、本業に力を入れながら副業として不動産で資産形成をしたい新富裕層の方々にとっては、賃貸ニーズのある郊外で、資産性の高い中古RCマンションを運用する手法が最適だと考えています。戦略的にロジカルにバランスのよい投資をしましょう。

長期的に高い入居率が見込める郊外

前述したように都心にアクセス可能な郊外で、外国人留学生、外国人労働者、アクティ

図表 3-3　外国人就労者の推移

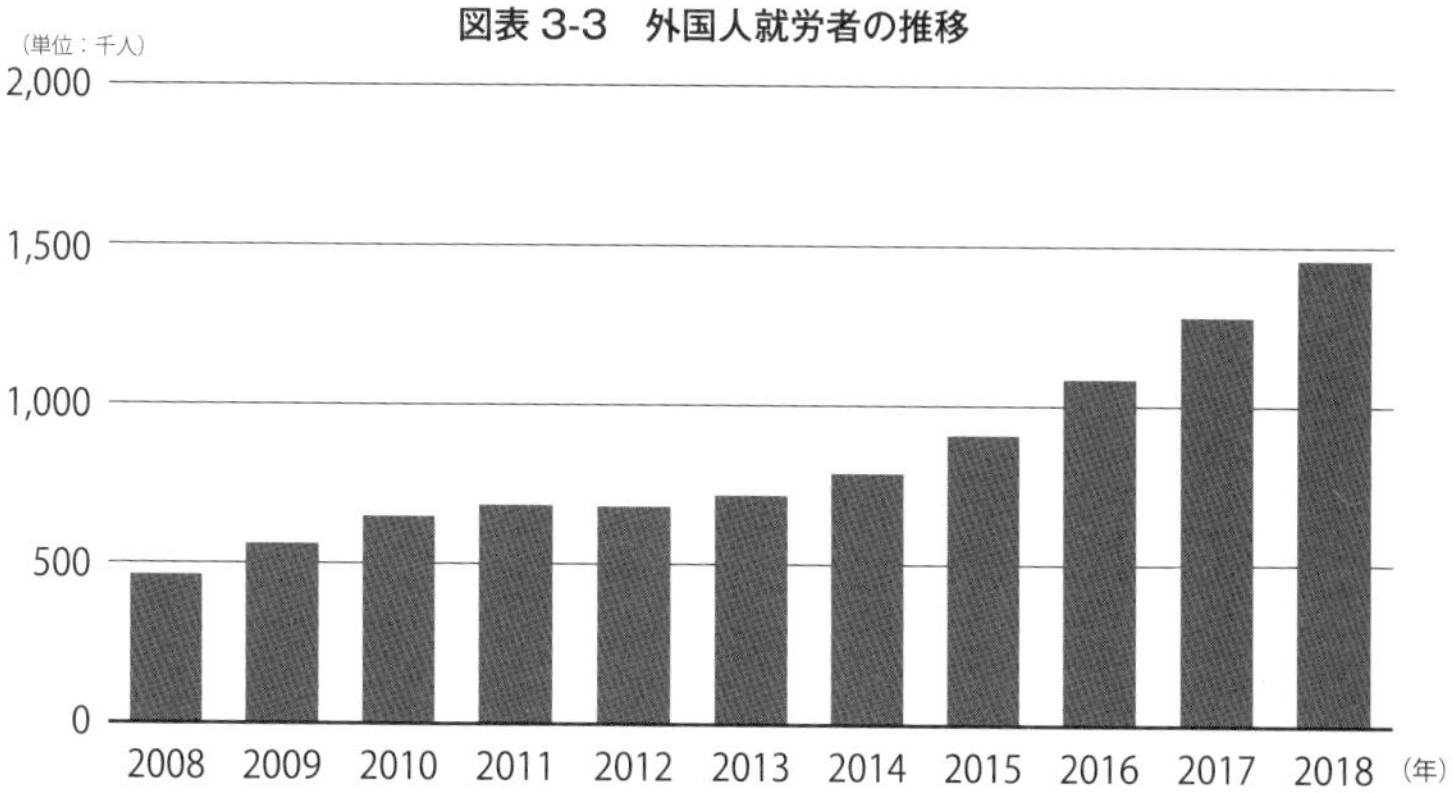

出典：厚生労働省「外国人雇用状況の届出状況」より作成

ブシニアなどが将来的にターゲットとして見込めることもポイントです。

これからの賃貸需要を考えてみると、東京で働くアジア人の若者がどんどん増えると予測できます。実際、すでに東京の中心部ではコンビニや飲食店、ホテルなどで人手不足が深刻化しており、アジア人の若者の労働力に頼る流れが加速しています。

厚生労働省が発表した「外国人雇用状況の届出状況まとめ」の、「在留資格別外国人労働者数の推移」によれば、２０１８年10月末現在の外国人労働者数は１４６万人超と、届出が義務化された２００７年以来、過去最高数を更新したことが明らかになりました。少子高齢化が加速していく日本において、外国人労働者の雇用は毎年増加傾向にあることがよく分かります。新型コロナウイルスの影響で、来年に延期となりましたが、東京オリンピックで訪日外国人観光客がまた戻ってくることから、外国語を自然に喋るアジア人の需要はさらに高まるはずです。ただ、そうしたアジア人の若者が都心に住めるかというと、そこまでの収入は確保できないため、必然的に郊外にある賃貸マンションが有力な選択肢になってきます。

「中古郊外ＲＣ」物件のターゲットには、アジア人の若者だけでなく、アクティブシニアも含まれます。アクティブシニアとは、65歳以上で趣味やさまざまな活動、消費に意欲的で元気なシニア層のことです。

アクティブシニアは通勤の必要性がありませんから、都心に住む理由はありません。また、快適な住環境を求める傾向があります。特に、戸建ての場合は防犯性や管理の問題があり、鍵一本で戸締まりができて、庭などの手入れがいらないマンションにメリットがあり、一戸建てからの住み替えの方も増えています。

外国人入居者にチャンスがある!

年々増加する外国人ですが、外国人の受け入れに反対する賃貸マンションオーナーはまだ多く、そこにチャンスが生まれると考えます。

日本最大級の在留外国人向けメディアを運営するYOLO JAPANが2019年4月に実施したアンケート調査(2019年4月16日~5月31日、在留外国人629名に実施)では、約40%が「外国人という理由で家を借りられなかったことがある」と回答しています。

オーナーが外国人を敬遠する理由はいくつかありますが、「ゴミ捨てのルールを守らない」「騒音トラブルを起こす」「マナーを守らない」「友人など多数の出入りがある」という回答が外国人アンケートでも上位にありました。オーナーの立場からすると、このようなトラブルによってほかの入居者離れを促したり、物件の管理の質が下がったりするのではとの懸念があるのだと思われます(参考:「YOLO JAPAN 外国人から見た外国

図表 3-4　外国人アンケート「物件を探す際に何が大変だったか」

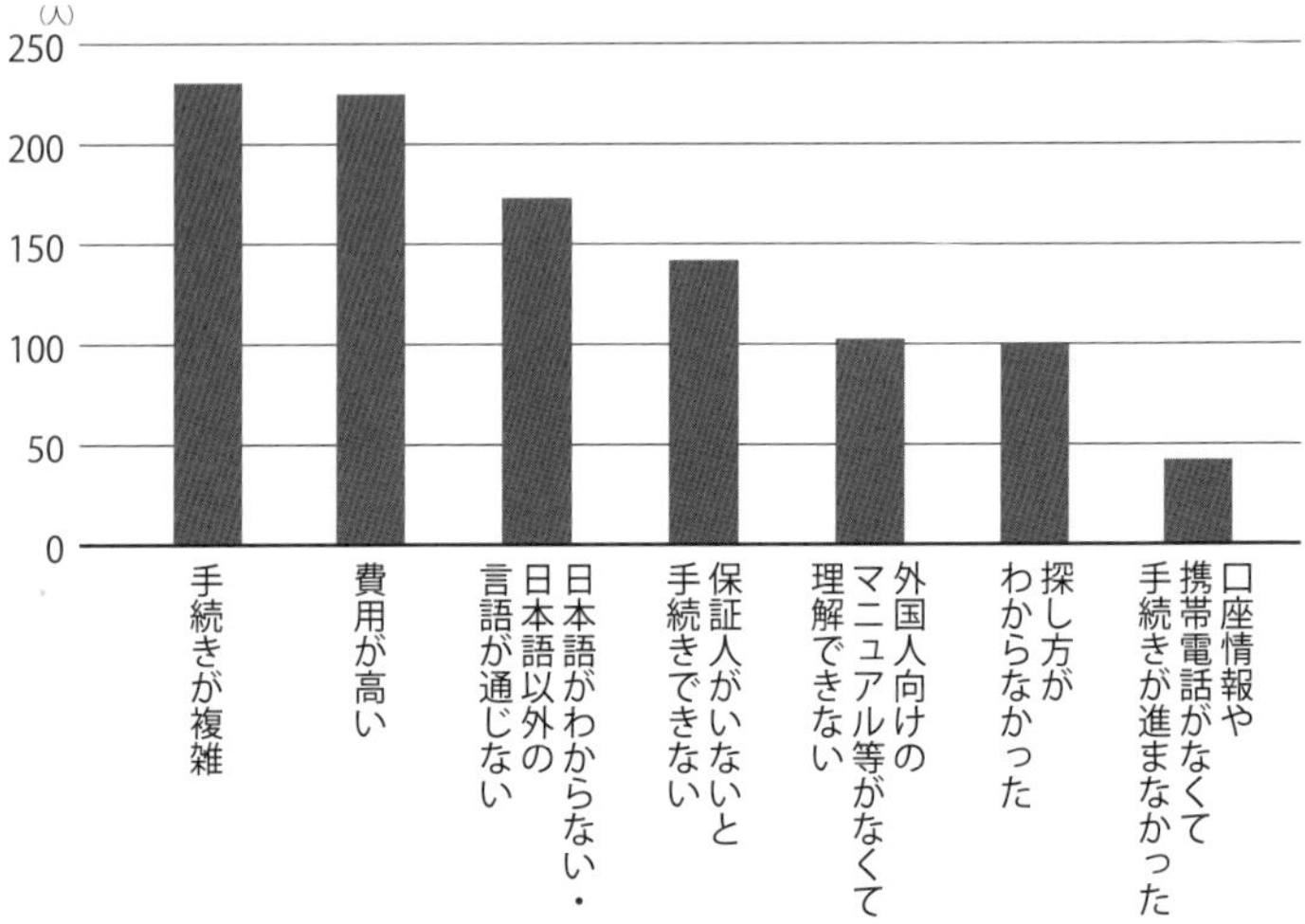

株式会社 YOLO JAPAN　2019 年 5 月調べ

人が起こすトラブルアンケート」)。

一方、「物件を探す際に何が大変だったか」という外国人アンケートでは「1位：手続きが複雑」「2位：費用が高い」「3位：日本語以外の言語が通じない」という結果でした。つまり、①手続きを簡略化して、②初期費用を下げ、③英語や母国語で対応できるようにするなどの対策を取ることによって外国人入居者からの反響が増やせます。

ちなみに当社では10カ国語に対応した外国人専門の仲介・コールセンター

と提携し、入退去手続きから入居中のトラブル対策までカバーしています。

外国人のゴミ問題、マナー違反は多くの場合、こちら側の説明不足によることが多いのですが、このサービスの特徴は母国語で誓約書を作成してくれて、契約時に入居者の合意を得られます。

また、ゴミの分別やルールなどの翻訳サービスがあるので「日本語だから読めない、分からない」といった言い逃れを防げます。このように書面でしっかりと誓約書をいただいておけば、なにか問題があったときにも改善しやすいですし、入居者本人の意識も高まります。


また、国籍によっても文化や習慣が異なるため、日本に来ている理由や在留資格なども確認しながら、募集や審査を行うことが重要だと思います。

まず、外国人の国籍別構成比は、「1位：中国」「2位：韓国」「3位：ベトナム」となっております。やはり外国人のなかでもアジア人が圧倒的に多く、ここ数年の傾向ではベトナム人が増加しています。

図表 3-5　在留外国人の構成比（国籍・地域別、令和元年 6 月末）

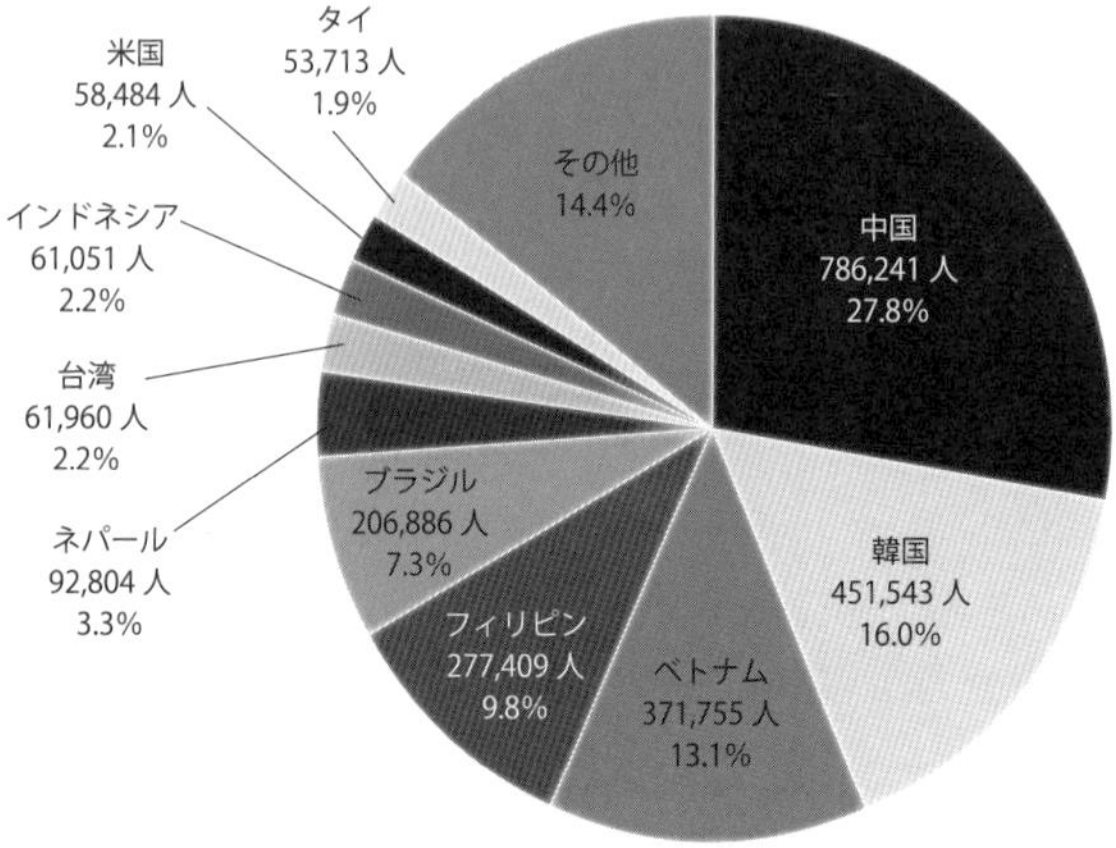

出典：法務省出入国在留管理庁「在留外国人数について」

当社の管理物件においても外国人の入居者は増えておりますが、国籍ごとにトラブルも異なっております。

過去の事例では、中国人が退去した際に土足で生活していたことが判明し、原状回復費用が高額になってしまったケースが何度かあります。これは世界的には「玄関で靴を脱ぐ」という行為が珍しく、そもそも玄関という概念もないために私たち日本人の意識・文化と入居者の常識が異なってしまうのです。

そのほか、韓国系の入居者の事例では部屋でキムチや臭豆腐を作り隣人から苦情が出たということもありました。

納豆の臭いは普段食べ慣れている日本人からすれば当たり前のことですが、外国人から見れば異様な光景に見えるのと一緒で「臭い」という問題も個別性が大きく、事前に説明し、理解をいただく必要があります。

ベトナム入居者でも契約時は単身入居で申し込み・契約をするのですが、知らない間に複数人が住んでいたという事例が何件かありました。しかも契約者本人は母国に帰ってしまっていたり、別の物件に住んでいたりするということも多々あります。

一時期問題にもなりましたが、日本へ出稼ぎに来るために知り合いの在留資格などを利用して入居するケースがあります。

保証会社には加入していましたが、原状回復工事が高額になってしまい最終的に支払えず、食べ物も床で食べて放置されていたため、虫が湧いてしまって駆除に苦労した経験があります。また、複数名が入居することは、騒音トラブルにも繋がりやすいため、当社では入居時の確認と審査を厳しくしています。

このように書くとやはり外国人は避けようと思われるかもしれませんが、右記事例は特殊であり、ほとんどの場合は事前確認・誓約書・審査によって防ぐことが可能なのです。

経営である以上、普通の人が避ける道こそチャンスがあるのだと考えています。次に外国人入居者に住んでいただく際のオーナー側のメリットをご紹介します。

・外国人可の物件として差別化でき、仲介会社へ周知できる

これはペット可の物件と同じように競合物件と差別化できる条件となります。

一度仲介会社に認知してもらえれば次々にリピート申し込みが入るのも特徴です。もちろん、入居審査はしっかりと行う必要がありますが、信頼できる管理会社・仲介会社を選んだうえで日頃からコミュニケーションを取っておけばリスクを抑えられるでしょう。

外国人は日本にいる知り合いの仲介会社を頼る方も多いため、各エリアのキーマンと関係を築くことができればオーナーの代わりに街の魅力、物件の魅力を宣伝してくれる強い味方になります。また、外国人入居者への抵抗が多いエリアでは相場よりも高めの賃料設定ができることもあります。

・築古物件や設備が古いままの物件でも賃貸が決まる

築年数が経過すると設備が劣化し、一般的にはリフォーム工事が必要です。しかし、外国人の入居者の感覚は、新築好きの日本人の感覚とは異なりますので、古くても使えれば問題なく、新しくなって賃料が上がるよりは古いままでいいという意見や退去時に負担が少ないほうがいいといった意見が多数を占めます。

もちろんオーナーとして費用対効果を検証のうえ、リフォーム募集を行うのが望ましいですが、「今はリフォーム費用を抑えたい」といった場合は戦略として使えると思います。

また、物件検索での人気条件に「バス・トイレ別」という項目がありますが、外国人は湯船に浸かる習慣がない方も多く、3点ユニットでも気にされないことが多いです。

お風呂とトイレを分ける工事もありますが、費用が高額で中途半端になってしまうぐらいでしたら、外国人向けに募集するほうが賃貸経営の観点からも望ましいといえます。

・立地の良し悪しの基準が多様

日本人であればどうしても立地に対するイメージ、ブランドは似通ってしまいます。一

図表 3-6　資格別の在留外国人の推移

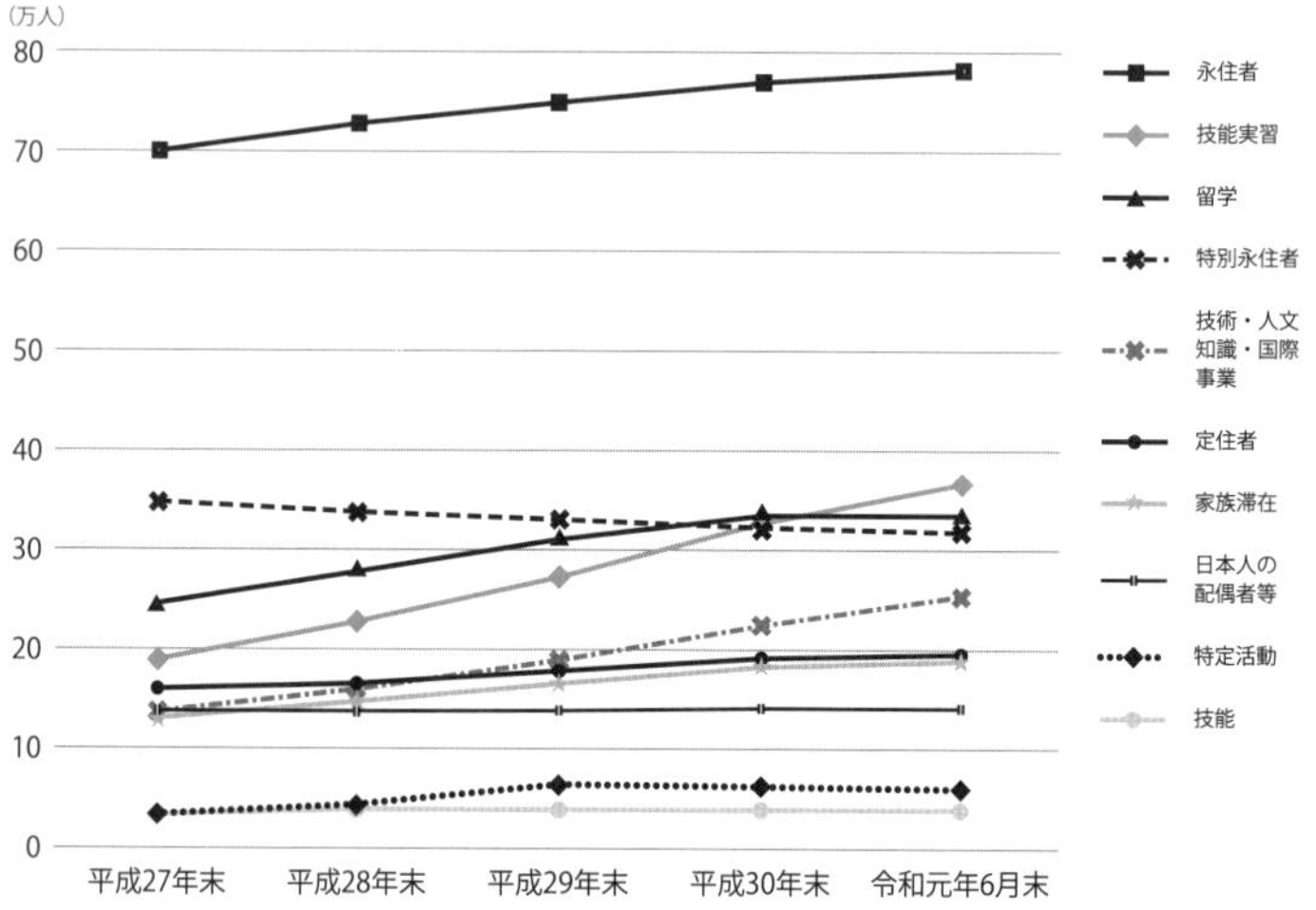

出典：法務省出入国在留管理庁「在留外国人数について」をもとに作成

般的には木造よりマンションで駅近、ブランド立地は人気があります。

しかし外国人からすると住みやすい街という観点が異なり、例えば同じ国の人が多くて安心できるとか、勤務する企業が近い、物価が安いといった国ごとの口コミのようなものが優先される場合もあります。

また、日本人は周囲の人からのイメージを気にしがちですが、外国人からすれば都心まで1時間以内で行けて家賃が抑えられ住みやすい街に対する需要のほうが大きく、国道16号線沿いの郊外立地は最適な場所だといえます。

ここで資格別の在留外国人の推移を見てみますと、技能実習生が急速に増加していることが分かります（図表3－6）。当社の物件でも技能実習生が住むための部屋として契約している物件がありますが、契約者名義は法人のため、むしろ安心感があります。

通常、複数の人数で住むことが多いのですが、法人が契約者であれば滞納や退去時未払いなどは契約する企業の与信次第となりますので、上場している大企業などであれば積極的に受け入れることをお勧めします。

リモートワークで駅近のメリットも減っていく

これからの不動産投資では、これまでのように駅近という条件が持っていたメリットは減っていくと考えています。もちろん、バス便と比べたら駅近のほうがいいことに変わりありませんが、致命的な差が出るかというと、今後はそうでもないでしょう。

そもそも駅近が人気の主な理由は、通勤に便利だからです。しかし働き方改革をきっかけに「毎朝満員電車に揺られて通勤し、同じ時間・場所で働く」という常識が崩れかけています。

会社としても、生産性を上げなければなりませんし、人口減少が進むなかでの人材獲得競争に打ち勝たなければなりません。優秀な従業員を雇い、長期的に働いてもらうためには、柔軟性のある働き方が実現できることをアピールする必要があります。

さらに新型コロナウイルスの影響を受けて多くのビジネスパーソンがリモートワークに切り替えました。ただ、これは考えてみれば当たり前の話で、同じ場所・時間で働き続けなければならない理由は、物理的にはかなり少なくなっています。

Ｗｉ－Ｆｉさえあれば、わざわざ都心のオフィスまで出てきて働かなくても仕事ができる時代です。５Ｇが普及すれば、映像でのコミュニケーションもさらにしやすくなるでしょう。

また、女性活用という文脈では、今後さらに進んでいくと思われます。出産や育児のためにキャリアを諦めてしまう人がまだ数多く存在するのは、日本社会にとってあまりに大きな損失です。

海外と比べて女性活用の度合いが低いことはたびたびメディアで取り上げられていますが、今後は抜本的な社会制度の変革、もしくは企業が主体的に変わっていくことが予想されます。

加えて介護の問題もさらに深刻化していくことが予想されるので、固定されたオフィスで働くという概念が薄まる方向しか考えられません。

もちろん、必ず出勤しなければならない職業はありますし、将来的にあらゆる職業・職種で通勤の必要がなくなるとは考えられず、現在はまだ移行期間なので、さまざまなところで軋轢が生じていますが、それもあと数年の話でしょう。週5日出社を義務付ける会社が減っていくことは間違いありません。

こうした諸々の事情から、「家賃が都心よりも安く、落ち着いた住環境である郊外のほうがいい」という人が増えてもおかしくはありません。

「駅から遠いほうがいい」とまではいかないものの、今まで同様、ないしは今まで以上に駅近に価値が置かれることはないと考えています。

むしろ豊かな自然があったり、広い家に住めたり、設備が充実していたりなどが求められるようになるでしょう。

郊外住宅賃料はバブルから30年変わらない

郊外と聞くと、「家賃の下落リスクが高そうだ」というイメージを抱く人も多いのではないでしょうか。

しかし、実際は郊外のほとんどのエリアでは家賃が30年以上変わっていません。その期間には、バブル崩壊、リーマンショックなどの経済危機が何度か起こり、都心の高額物件ほど賃料が下振れした物件が多かったのですが、郊外の家賃は大きく下落することはありませんでした。
そもそも長期で安定した不動産投資を考えるなら、先進性を追求するのではなく、時代遅れにならないオーソドックスな物件を狙ったほうがいいでしょう。

一時期、ＯＹＯというインドのグローバル企業が日本の不動産市場に参入して話題になりましたが、今ではほとんど耳にしません。これはＯＹＯが良い・悪いという話ではなく、目新しいものに飛びつく場合、それが一過性のものであるなどのリスクを分散できる余裕が調っている必要があるということです。

民泊にしても、新型コロナウイルスの影響で大打撃を受けていますが、リスクを考慮せず一点に集中していると、取り返しのつかないことになります。現に京都や浅草をはじめとする観光地で民泊をしていた人は、かなり厳しい状況に追い込まれています。

これはまさに「時代は繰り返す」の典型例だといえるでしょう。バブル期にお金を借りて儲けていた人のなかで最も稼いでいたのは、リゾート開発に携わっていた人たちです。二束三文の土地を買ってきてゴルフ場にしたら１００倍、２００倍になったケースもありました。しかし目先の流行を追って時代の変化にとり残されてしまうと、一気に破綻してしまいました。

住居用の不動産というのは、やはり安定しているといえます。コロナショックの影響で建材や設備が輸入されないという問題や不景気によって家賃滞納の懸念はあるものの、民泊のように稼働率がゼロになるということは考えられません。

そういう意味でも、まずは物件選びが大切です。「需要の安定している王道の投資をする」ということが長期運用で勝つうえで重要といえます。

私は不動産業界に30年いますが、先述したように郊外の家賃はほぼ変動がありません。次ページの「消費者物価指数と家賃指数の比較」をご覧ください。消費者物価指数とは、総務省による小売物価統計調査を元に作成される指標で、1946年より調査が開始されて毎月発表されています。

これを見ると郊外が特別というわけでなく、物価も家賃もほぼ横ばいということが分か

図表 3-7　消費者物価指数と家賃指数の比較

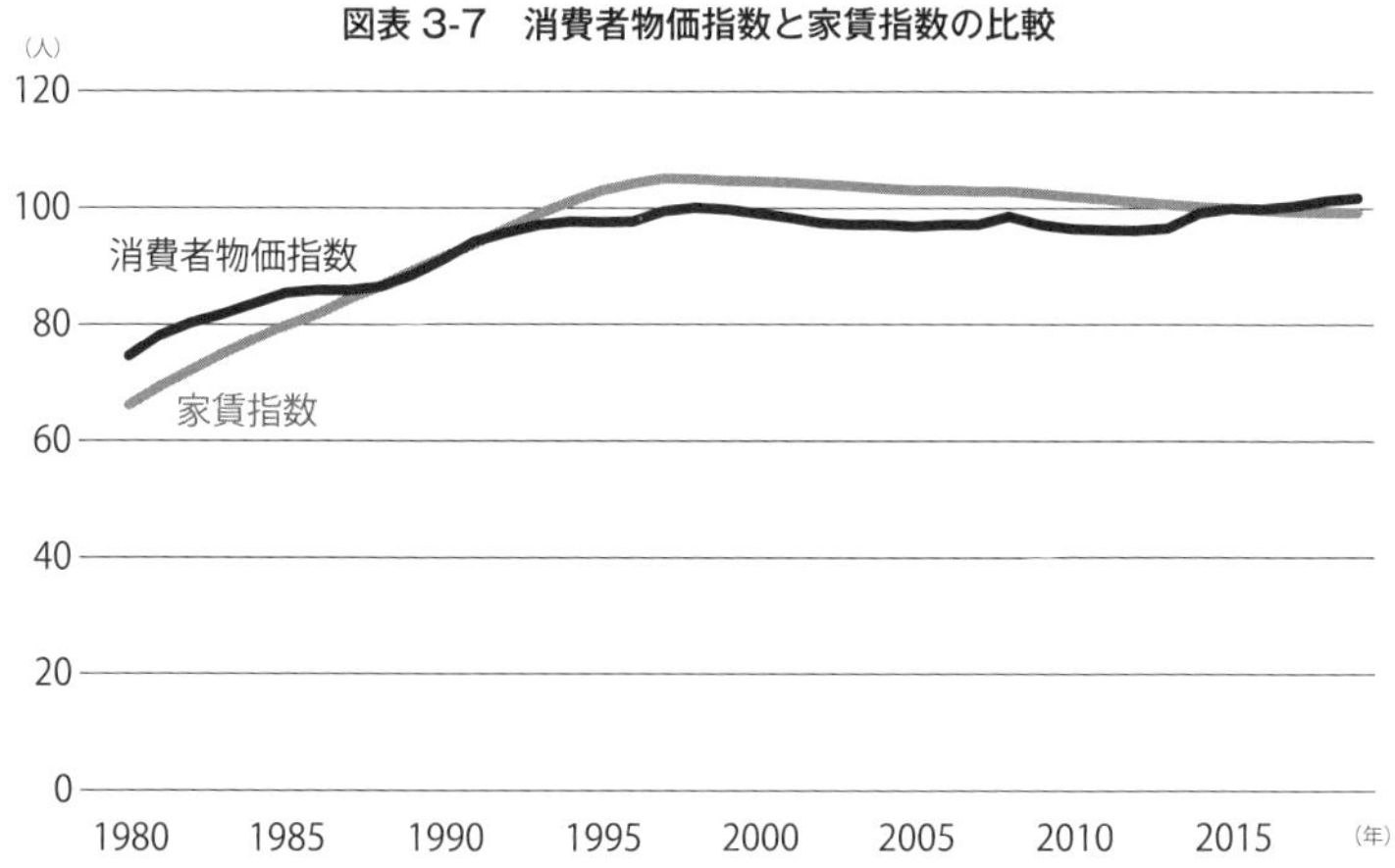

出典：総務省「消費者物価指数 全国品目別価格指数」より作成

ります。

当社が扱うエリアの物件も、１９８９年に入居した人と最近入居した人の家賃の差は、せいぜい1割程度です。それは世帯年収が30年以上変わっていないからです。年収が変わらないということは払える家賃も変わらないのです。

つまり、30年住んでも家賃は不変だったということであり、安定のために奇抜なことを仕掛ける必要はないのです。郊外型の物件は賃料が下がっていくとは考えづらく、むしろこれまでお伝えしたエリア内のＲＣ物件の希少性、働き方の転換などを理由に、ニーズは高まっていくと予想できます。

ただし、時代の流れのなかでの流行り廃りはあります。

例えば間取りの場合、昭和から平成にかけての時代は部屋の数が多く、居間は小さくてもいいという考えが主流でした。

昭和から平成の時代においては部屋数よりも広くて充実したリビングが求められていましたが、令和の今、コロナにより、一人一部屋など集中できる環境が必要となり、オンラインでの会議をしても家族に迷惑をかけない間取りや構造が求められるようになってきています。

このように、大きな時代の流れやニーズには合わせていく必要があるということです。

時代に合ったリノベーションでニーズに応える

前項で時代の流れのなかで、流行り廃りはあると述べました。築年数が経った中古物件であっても十分に競争力はあるとはいえ、間取り、内装や設備などにはトレンドがありますから、それに合わせて変えていく必要があります。

例えば、弊社で手掛けた事例として、埼玉県さいたま市浦和にある1993年築の物件を紹介いたします。

このマンションでは、一部のお部屋はリノベーションを施さずに、和室のある3DK（DKは6畳）のままで貸し出し、一部のお部屋は和室を洋室に変更し、2LDK（LDKは12畳）にリノベーションしました。1室減ってLDKを広げた形となります。

そうしたところ、リノベーションを施した部屋は、していない部屋よりも、2万5000円高い家賃で入居が決まりました。

しかし、だからといって、必ずしも「全部屋リノベーションをするべきだ！」というわけではありません。リノベーションをしていない部屋は、社宅として外国人の若者3名での入居が決まりました。ホテルで働く従業員のための寮として法人契約をしていただきました。

この部屋は、キッチンも段落ちのもの（システムキッチンのようにコンロ一体型ではなく、別売りコンロを設置して利用するタイプ）ですし、費用をかけずに入居を決めることができています。

費用をかけてリノベーションし、賃料アップを狙うか、賃料は据え置きとしつつ、費用は抑えて貸し出すか。こういったこともオーナー様の本業との兼ね合いや、長期的な資産計画に合わせて経営判断し、コントロールしていけることは大きな魅力です。

また、リノベーション工事をする際は、当然ながら費用対効果の検証が重要です。工事費用・工事期間に対し、いくら賃料アップできるのか？を冷静に判断します。

例えば、築30年以上ＲＣの単身者向けマンションでは、バス、トイレ、洗面台が一体となった3点ユニットの物件は珍しくありません。しかし、日本人には敬遠されがちという面があり、それら水回りを分けるセパレート工事が一時期とても流行りました。しかし、工事費用がかかる割には、賃料アップは見込めないことが分かり、今は「3点ユニットに応じた家賃設定で貸した方がいい」という考え方が主流になっています。

一方で、築年数が経っているからこそ、問題をチャンスに変えることもできます。このことを説明する良い例として、昨年弊社が販売した昭和63年築の物件があります。

本物件は外観がタイル張りで各専有部の面積も広く、都心部へのアクセスも良い優良物件でしたが、1階部が半地下となっていました。

その1階部が、ゲリラ豪雨によって浸水してしまい、入居者も当然退去、部屋は泥まみれという悲惨な状態になってしまいました。

さらに元所有者様は高齢であり、手間をかけて修繕するくらいであれば早期で売却したいというご意向がありました。

このような状況の中、弊社がこの物件を購入させていただき、1階部のリフォーム工事に加えて、浸水を防ぐための排水ポンプの工事や自治体にかけあった道路工事など、新たな姿に再生されました。

本物件は昨年の9月に新しいオーナー様に売却しましたが、今日までずっと満室を維持しております。

この物件のように、築年が経っていて管理や建物状態に不安が残るという理由で手放すような方も多いです。また、築30年前後経つことにより所有者が点々としたり、相続で引き継がれたりして長期的な視点に立った修繕や管理ができていないケースもよく見られます。

そうした場合、適切なリフォームを施せば、資産価値が高い物件へと再生させられます。そうした可能性を存分に有しているのが中古RC物件なのです。

最大のポイントは過去のトラックレコード

新築物件と中古物件の違いはいくつかありますが、中古物件の最大のポイントは過去のトラックレコードがあることです。

その物件に実際に入居者が住んでいて収益があがっているという実績は新築物件にはない絶対的な強みになります。過去にどんな人がどんな条件でどのくらいの期間住んでいたのか知ることができれば実績重視の金融機関への説得材料になりますし、将来への予測精度も高まります。

所有者や管理会社が変更になっている場合は詳細なデータは得られないかもしれませんが、賃料などの賃貸条件はレインズやホームズなどの成約履歴から確認できる可能性は高いですし、場合によっては過去の所有者や管理会社を訪問して開示してもらう努力をするぐらいの価値はあると思います。

一方、近年は修繕履歴の重要性も高まっており、賃貸履歴と同様に修繕履歴も重要なポイントになります。築10年程度まであればあまり大規模な修繕もなく、大きな差はないと思いますが、それ以降の物件については修繕履歴の確認と今後の予算の見極めが目利き力につながっていきます。

なぜ、過去の実績を知ることが重要なのか、その理由には大きく分けて3つの観点があります。

①過去の賃貸需要の確認と今後の予測

賃貸経営において、賃貸需要を見極めることは非常に重要です。会社経営でいえば売上見込が立つということです。賃貸マンションの特性上、急激に需給バランスが変動することも考えにくいため、過去の賃貸履歴が分かれば今後の予測が立てやすくなります。

もちろん、現況レントロールも大事な資料ではありますが、一時的な賃貸状況を表しているに過ぎず、できれば過去5年程度の履歴を入手して入居率を知ることが望ましいと思います。

もし難しい場合は原契約日だけでも事前に確認するべきでしょう。ポイントは入居期間と空室期間及び成約条件です。

入居期間ですが基本的には長いほうが望ましいといえます。長く住んでいるということはそのマンション、部屋に満足されている証であり、特段のトラブルもなかったと考えられます。

また、管理会社や部屋の状況に少しでも不満があれば、スーモやホームズなどで新たな部屋探しをするでしょう。最近の傾向では入居者自身が住んでいるマンションの賃貸募集条件を見たりして、自分の部屋が割高だと思ったことが退去につながることがあります。

加えて通常は経年劣化に伴って家賃は下落することが多いのですが、それでも退去にならないというのは入居時の賃料が安かった、または賃料が上昇している立地である可能性なども読み取れます。

逆に入居期間が極端に短い物件は、住み心地が悪いなど、近隣トラブルや表には見えない不満があるのではといった仮説を立てて要因を分析する必要があるでしょう。

フリーレントや広告費といった誇大なキャンペーンの結果埋まった部屋についても短期解約になる傾向があり、次の募集時に想定外の費用がかかるため注意が必要です。

次に空室期間は、当然ながら短いほうが賃貸需要は強いといえます。実は入居率や空室期間といった指標は各社で統一されていないため、あいまいな指標であるということを念頭におく必要があります。

同じ指標で収益性を比べるならば、やはり実際に賃料が入金されていない期間を空室損として予算計上するべきかと思います。

そのため、仮に不動産会社に対して「空室期間はどれぐらいですか?」と質問した場合、

図表 3-8　空室期間の考え方の違い

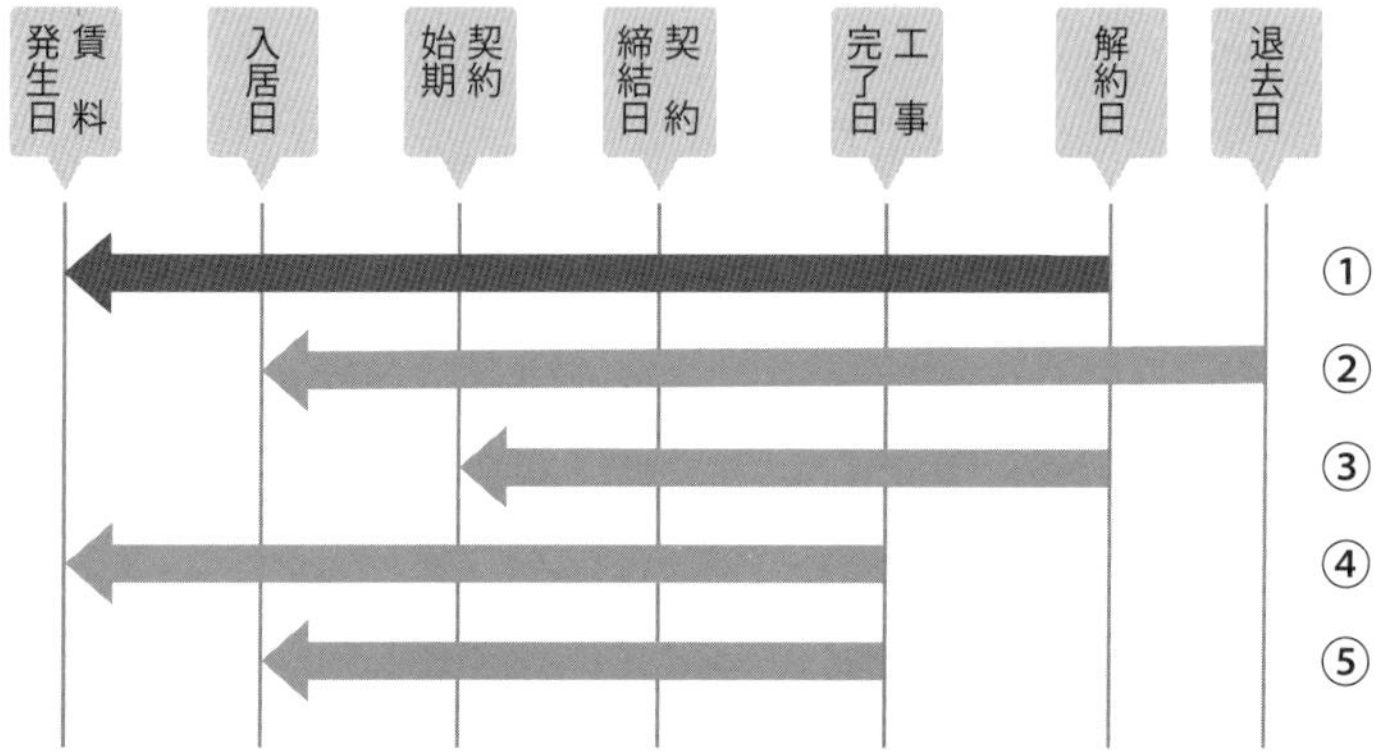

「比較的短いです」といった答えがある場合は数値管理ができておらず要注意ですが、「平均1カ月程度です」という回答の場合も図のように①解約日から賃料発生日までの1カ月なのか、⑤工事完了日から契約始期までの1カ月なのかで大きく変わります（図表3－8参照）。

もちろん、空室期間が長いからといってすべてがだめなわけではなく、どんな条件でどんな募集活動をしていたかなどと併せて確認する必要があります。

当社が購入してバリューアップした物件においても、管理会社が募集に力を入れていなかったり、そもそもネット掲載せずに店頭のみで募集していたりということで空室期間が長い物件がありました。募集をしないのはもちろん、リフォームをせずに募集していたのでは決まりにくいのは当たり前です。

管理会社に任せる際はこの空室期間をどこまで短縮できるのか、そのためにどんな募集戦略を打ち出すのか一緒になって考えて決めなければなりません。

なお、トラックレコードを確認する際には、賃貸成約日なども確認すると繁忙期と閑散期の違いや物件ごとの特徴が分かることもあります。

②修繕履歴と今後の修繕計画

分譲マンションなどでは、管理費・修繕積立金は毎月支払って管理組合が管理していますが、賃貸マンションにおいて定期的に積立金を集金している管理会社は珍しいですし、5億円以下の個人が保有しているような物件に関しては修繕計画がある物件も皆無に等しいと言えます。

そのため、修繕履歴も残っていることが少なく、大規模修繕の履歴があればいいほうで細かい修繕費用や設備交換費用は資料が残っていないことがほとんどです。

図表 3-9　長期修繕計画と実施にかかる費用

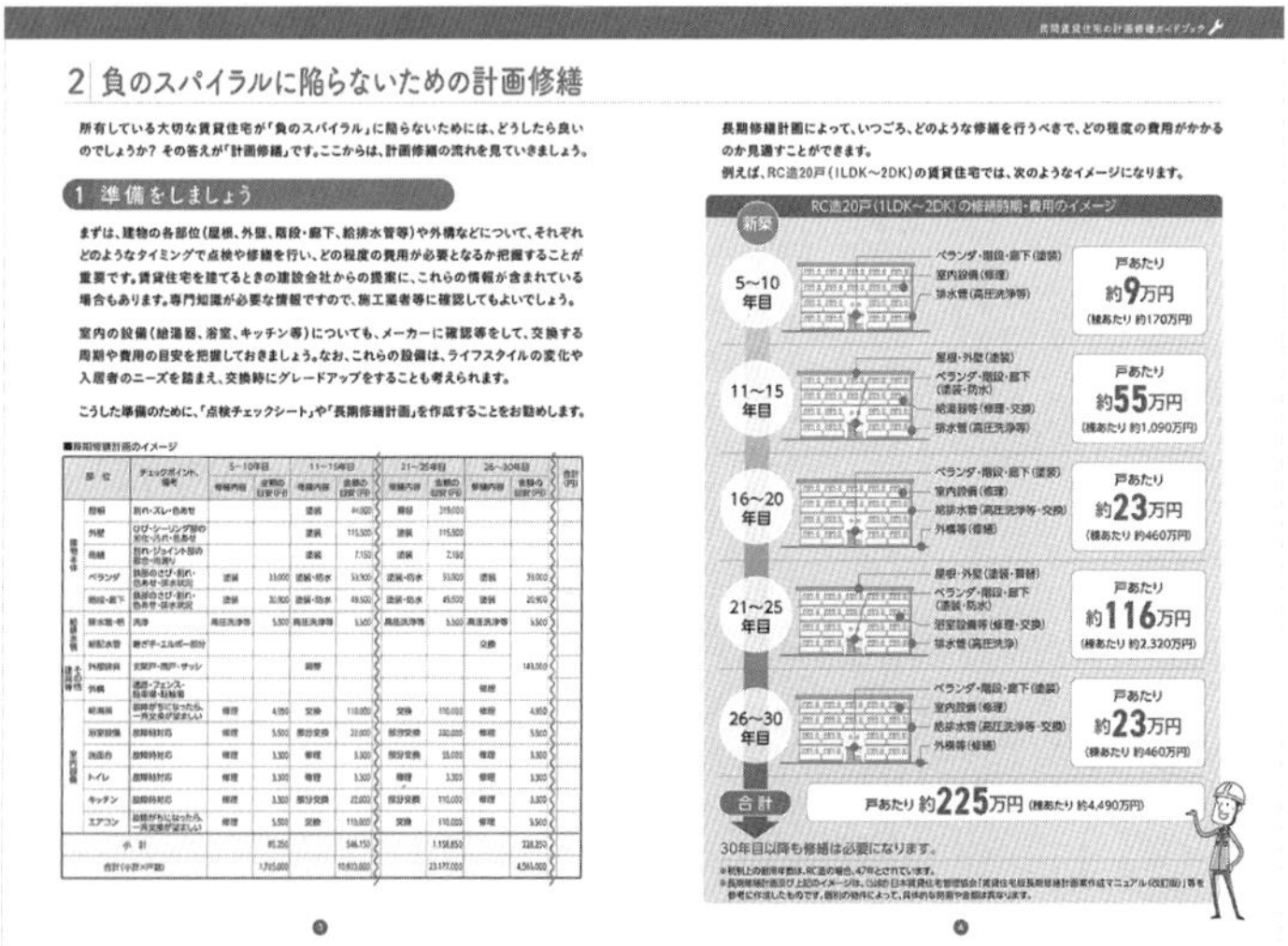
民間賃貸住宅の計画修繕ガイドブック

2 負のスパイラルに陥らないための計画修繕

所有している大切な賃貸住宅が「負のスパイラル」に陥らないためには、どうしたら良いのでしょうか？ その答えが「計画修繕」です。ここからは、計画修繕の流れを見ていきましょう。

1 準備をしましょう

まずは、建物の各部位（屋根、外壁、階段・廊下、給排水管等）や外構などについて、それぞれどのようなタイミングで点検や修繕を行い、どの程度の費用が必要となるか把握することが重要です。賃貸住宅を建てるときの建設会社からの提案に、これらの情報が含まれている場合もあります。専門知識が必要な情報ですので、施工業者等に確認してもよいでしょう。

室内の設備（給湯器、浴室、キッチン等）についても、メーカーに確認等をして、交換する周期や費用の目安を把握しておきましょう。なお、これらの設備は、ライフスタイルの変化や入居者のニーズを踏まえ、交換時にグレードアップをすることも考えられます。

こうした準備のために、「点検チェックシート」や「長期修繕計画」を作成することをお勧めします。

■長期修繕計画のイメージ

	部位	チェックポイント、備考	5~10年目 修繕内容	5~10年目 金額の目安（円）	11~15年目 修繕内容	11~15年目 金額の目安（円）	21~25年目 修繕内容	21~25年目 金額の目安（円）	26~30年目 修繕内容	26~30年目 金額の目安（円）	合計（円）
建物本体	屋根	割れ・ズレ・色あせ			塗装	44,000	葺替	319,000			
	外壁	ひび・シーリング部の劣化・汚れ・色あせ			塗装	115,500	塗装	115,500			
	[illegible]	割れ・ジョイント部の[illegible]			塗装	7,150	塗装	7,150			
	ベランダ	鉄部のさび・割れ・色あせ・排水状況	塗装	33,000	塗装・防水	53,900	塗装・防水	53,900	塗装	33,000	
	階段・廊下	鉄部のさび・割れ・色あせ・排水状況	塗装	20,900	塗装・防水	49,500	塗装・防水	49,500	塗装	20,900	
給排水設備	排水管・桝	洗浄	高圧洗浄等	5,500	高圧洗浄等	5,500	高圧洗浄等	5,500	高圧洗浄等	5,500	
	給配水管	継ぎ手・エルボー部分							交換		
その他建具等	外部建具	玄関戸・雨戸・サッシ			調整					143,000	
	外構	道路・フェンス・駐車場・駐輪場							補修		
室内設備	給湯器	故障がちになったら、一斉交換が望ましい	修理	4,950	交換	110,000	交換	110,000	修理	4,950	
	浴室設備	故障時対応	修理	5,500	部分交換	22,000	部分交換	220,000	修理	5,500	
	洗面台	故障時対応	修理	3,300	修理	3,300	部分交換	55,000	修理	3,300	
	トイレ	故障時対応	修理	3,300	修理	3,300	修理	3,300	修理	3,300	
	キッチン	故障時対応	修理	3,300	部分交換	22,000	部分交換	110,000	修理	3,300	
	エアコン	故障がちになったら、一斉交換が望ましい	修理	5,500	交換	110,000	交換	110,000	修理	5,500	
小計				85,250		546,150		1,158,850		228,250	
合計（小計×戸数）				1,705,000		10,923,000		23,177,000		4,565,000	

3

長期修繕計画によって、いつごろ、どのような修繕を行うべきで、どの程度の費用がかかるのか見通すことができます。
例えば、RC造20戸（1LDK～2DK）の賃貸住宅では、次のようなイメージになります。

RC造20戸（1LDK～2DK）の修繕時期・費用のイメージ

新築

5～10年目
ベランダ・階段・廊下（塗装）
室内設備（修理）
排水管（高圧洗浄等）
戸あたり 約9万円（棟あたり 約170万円）

11～15年目
屋根・外壁（塗装）
ベランダ・階段・廊下（塗装・防水）
給湯器等（修理・交換）
排水管（高圧洗浄等）
戸あたり 約55万円（棟あたり 約1,090万円）

16～20年目
ベランダ・階段・廊下（塗装）
室内設備（修理）
給排水管（高圧洗浄等・交換）
外構等（修繕）
戸あたり 約23万円（棟あたり 約460万円）

21～25年目
屋根・外壁（塗装・葺替）
ベランダ・階段・廊下（塗装・防水）
浴室設備等（修理・交換）
排水管（高圧洗浄）
戸あたり 約116万円（棟あたり 約2,320万円）

26～30年目
ベランダ・階段・廊下（塗装）
室内設備（修理）
給排水管（高圧洗浄等・交換）
外構等（修繕）
戸あたり 約23万円（棟あたり 約460万円）

合計
戸あたり 約225万円（棟あたり 約4,490万円）

30年目以降も修繕は必要になります。

※税制上の耐用年数は、RC造の場合、47年とされています。
※長期修繕計画及び上記のイメージは、（公財）日本賃貸住宅管理協会「賃貸住宅版長期修繕計画案作成マニュアル（改訂版）」等を参考に作成したものです。個別の物件によって、具体的な時期や金額は異なります。

4

出典：国土交通省「民間賃貸住宅の計画修繕ガイドブック」

中古不動産の価値を決める重要な資料にもかかわらず、保管されていないことが多いため、買主側の立場としては保守的に見て履歴がないものは修繕していないと判断せざるを得ません。もちろん、金融機関もそう判断することが多いと思います。

端的にいえば、修繕履歴がない場合は仮に修繕していたとしても、修繕していない物件と同等の価格で判断されてしまう可能性があるということです。

できれば、すべての修繕履歴を残すことが理想ですが、エアコンやお風呂、給湯器、キッチンといった高額な設備だけでも履歴があれば塵も積もれば山となるということで価値が上がります。詳しくは後述しますが、履歴を残すことで別の利点も生まれます。

中古物件の買主としては、修繕計画や予算計上は避けては通れないため、履歴がない場合には現在の建物の外観や共用部を調査して、過去の賃貸履歴から今後必要な修繕費用を見積もる必要があります。

先ほど、履歴がない場合には保守的に見ざるを得ないと申し上げましたが、保守的に見ると購入機会を逃してしまうという難しさもあります。

そのため、目利き力と資金力があれば未修繕の物件に取り組むこともできますが、万が一想定外のトラブルや劣化があった場合、通常は売主に請求することが難しいため、大けがをしてしまうリスクを考慮しなければなりません。

手間と時間を節約しながら効率的に賃貸経営をしようと考えた場合は、信頼できる売主から修繕後の物件を買ってその後の管理やアフターフォローを任せるというスタンスがいいと考えています。

③過去の所有者や取引関係者

実はこれがいちばん重要な要素かもしれません。どんな仕事でも関係者を確認することは基本ですが、とりわけ売主と買主とで情報の非対称性が大きい中古不動産において、現在の売主、管理会社、仲介会社、そして売却理由などをストーリーとして理解する必要があります。

通常、売却するには理由があります。利益を確定するためや、相場を知るためにお試しの売出し、もしくは現金化する必要があることもあります。

いずれにしても売り側としては必要最低限な情報以外は開示したくないですし、仮にネガティブな要因があっても質問されない限り、答えないことも多いと思います。

もちろん不動産会社が売主であれば魅力は積極的に開示し、懸念点もお伝えしますが、「重要事項説明義務」に該当しない情報は質問がなかったので説明しなかったということもあり得ます。また、そもそも資料がなく、売主も仲介会社も把握できていなかったというケースが多々あります。

先ほどの賃貸履歴などは代表的な事柄で、現況の賃貸借契約は重要事項ですが、すでに退去された入居者やトラックレコードまでは未確認のことが多いです。もちろん、取得する努力は必要ですが、取得できない場合のほうが多いため、最終的には過去の所有者・管理会社などから推測するしかありません。

だからこそ、取引にかかわる関係者が重要になります。

売主はどんな価値観を持っているのか、なぜ売却するのか、管理はどこに委託して、なぜその会社を選んだのか、仲介会社と売主の関係性はどうか、売主は収益物件に詳しいのか、任せっぱなしなのか、何か隠していることはないか、忘れていることはないか、資料は保管しているのか、ちゃんと探してくれるのか……など挙げればきりがありません。

性善説に基づき売主も仲介会社も管理会社も買主側のために情報を開示いただけるなら問題ありませんが、仮に売主が銀行や信託銀行のＶＩＰである場合など、細かいことを言わずに買ってほしいということが多いです。

ましてや融資特約付で万が一にも引き渡しができないということになれば銀行とＶＩＰ

顧客との信頼関係に傷がつくため、それは絶対に避けたいと思うはずです。その場合、仮に自分が仲介会社の立場であれば個人のお客様にはリスクが大きくてお勧めしにくいですし、こんなはずではなかったと、信頼関係を損なうことのほうが怖いです。

もちろん、時には掘り出し物の物件も出てきますが、商品化されていないからこそ掘り出しもののわけで、リスクとリターンはコインの表と裏であるということを大前提にして判断する必要があります。

また「なぜ自分の手元に情報がきているのか?」という理由を客観的に分析し、ストーリーとしても一貫性があって腑に落ちることが重要ではないでしょうか。

以上の3つの観点から、物件のトラックレコードや歴史・経緯をしっかり調査し、把握することで、それを購入後の賃貸不動産経営戦略に存分に反映していただけたらと考えています。

土地・建物ともに資産性の高いバブル期築の郊外の中古RC物件の魅力

郊外にはバブル期に建てられた物件が多数ありますが、ここに特化した不動産会社はほとんどありません。

なぜバブル期に建てられたマンションに注目するかといえば、築年数は経っていても建物のクオリティが高いこと。また、今後ライバルとなる新築RC物件が建つ可能性が低いからです。

というのも、私がサラリーマン時代に分譲マンションを建てて売っていた約20年前と比べると、現在は建築費が高騰し、また建築に携わる会社・人の数は激減しています。

当時は中小規模のマンションでも1坪あたりの建築費は60万円ほどでしたが、今だと120万円、130万円はかかります。つまり、郊外でRCが建てられるのは、数百戸規模でコストメリットが図れる財閥系の分譲マンションくらいです。

図表 3-10　建材費の推移、建築業界給与の推移

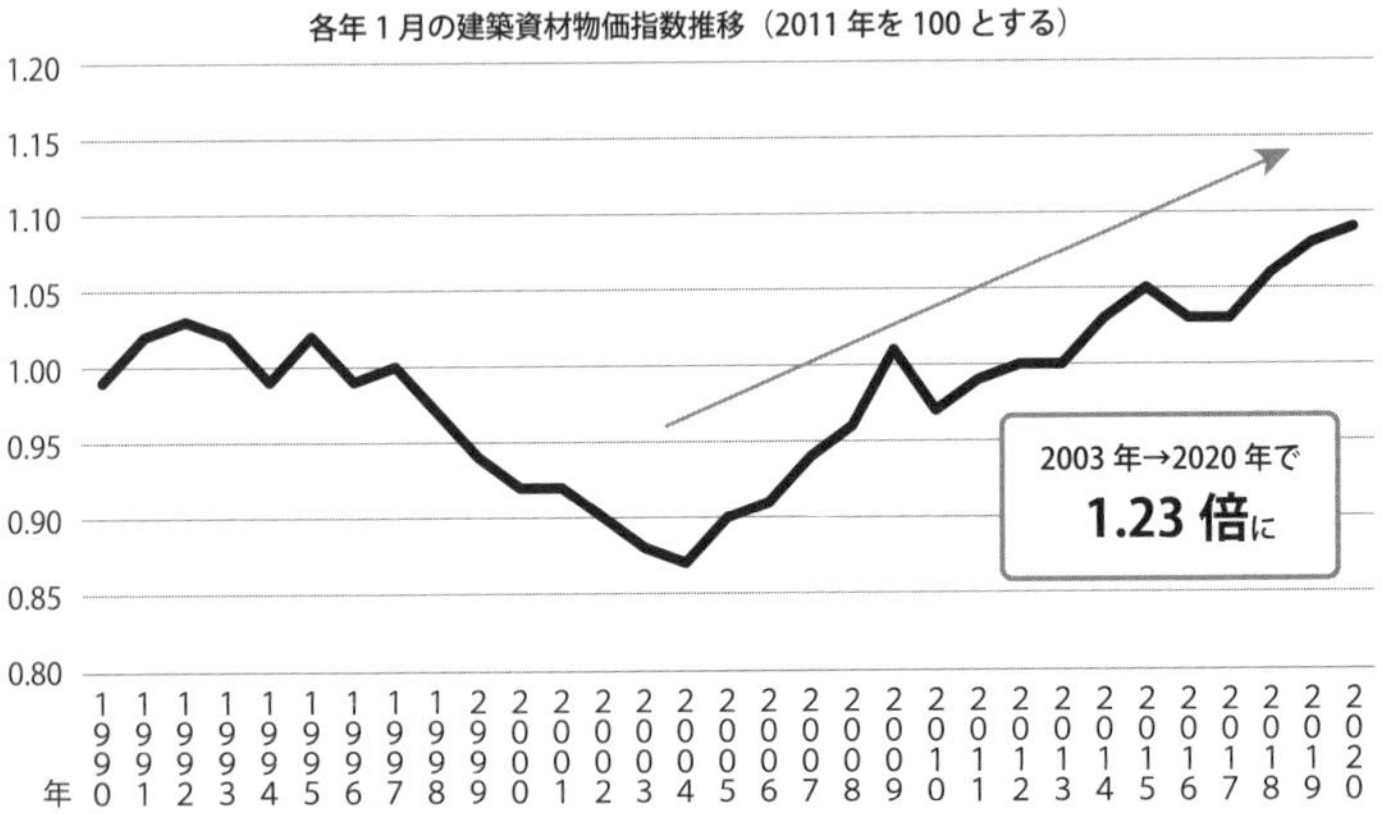

「建設資材物価指数 (2011 年度基準)」(一般財団法人 建設物価調査会)
https://www.kensetu-bukka.or.jp/business/so-ken/shisu/shisu_shizai/ を参考に著者作成

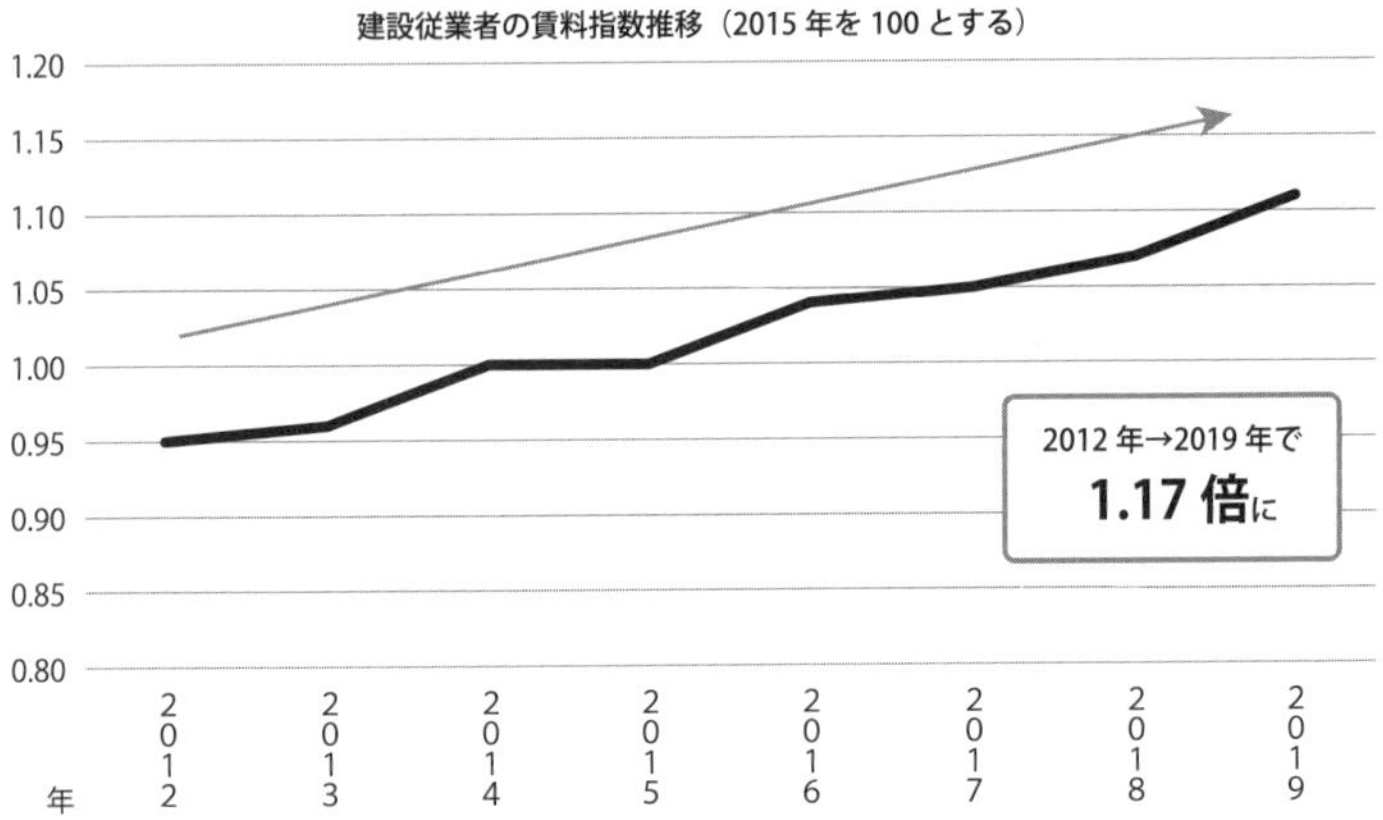

「毎月勤労統計調査全国調査 長期時系列表」（厚生労働省）
https://www.e-stat.go.jp/stat-search/files?page=1&toukei=00450071&tstat=000001011791
を参考に著者作成

図表 3-11　郊外新築 RC 供給数の推移

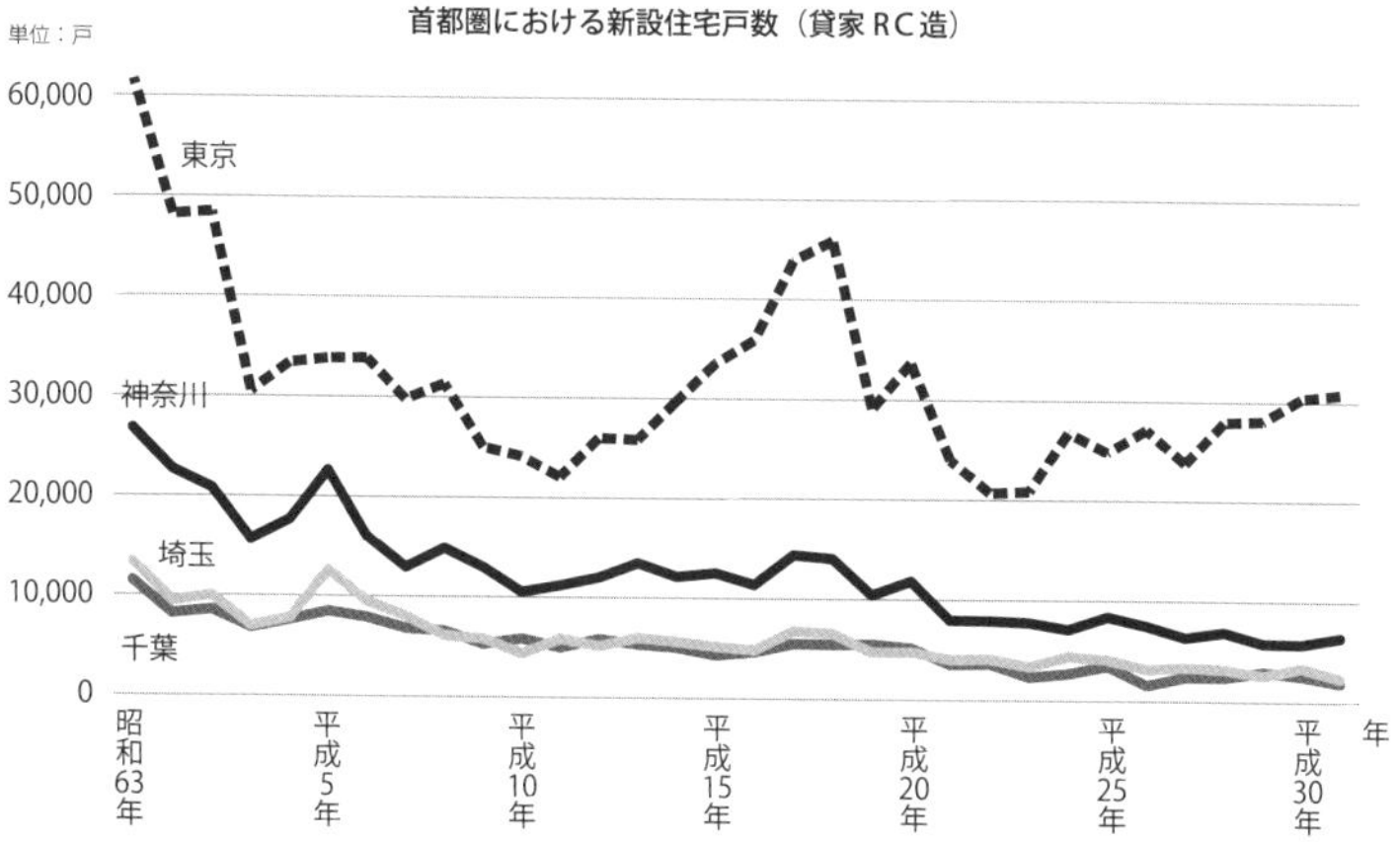

出典：国土交通省「建築着工統計調査」より作成

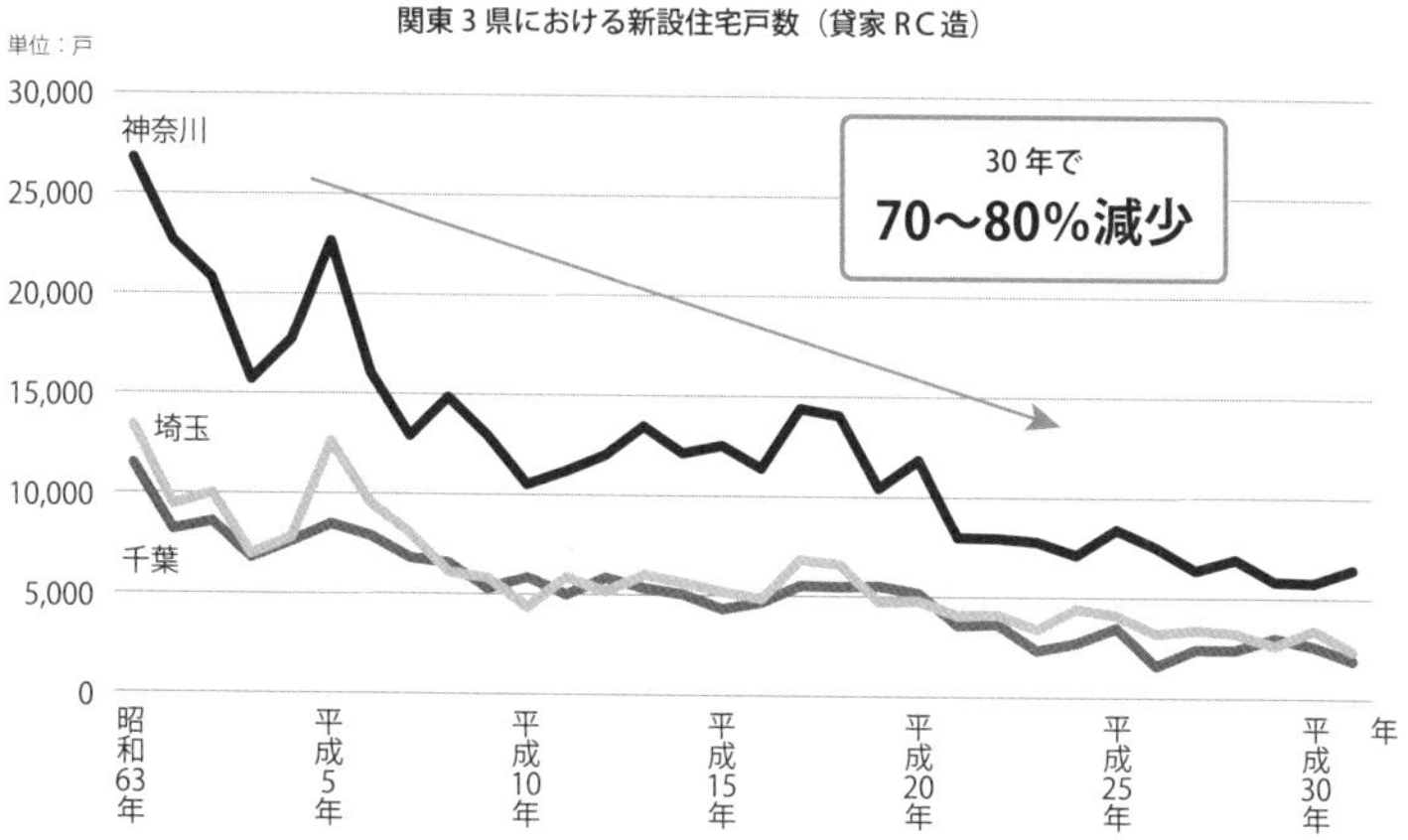

出典：国土交通省「建築着工統計調査」より作成

図表3-12　国交省によるRC造の耐久力

テーマ分野等	得られた知見	根拠論文名等
鉄筋コンクリート部材の損傷程度の実態調査	実態調査を行った結果、鉄筋コンクリート部材の耐久実態は50年以上あると認められた。	篠崎徹 毛見虎雄 平賀友晃 中川宗夫 三浦勇雄「約50年を経過した鉄筋コンクリート造の調査」日本建築学会学術講演梗概集
鉄筋コンクリート造建物の減耗度調査に基づく物理的寿命の推定	実際の建物の減耗度調査のうえ、建物の減耗度と実際の使用年数との関係から、鉄筋コンクリート造建物の物理的寿命を117年と推定。	飯塚裕（1979）「建築の維持管理」鹿島出版会
構造体としての鉄筋コンクリートの効用持続年数	鉄骨鉄筋コンクリート造及び鉄筋コンクリート造の構造体の耐年数は、鉄筋を被覆するコンクリートの中性化速度から算定し中性化が終わったときをもって効用持続年数が尽きるものと考える。鉄筋コンクリート部材の効用持続年数として、一般建物（住宅も含まれる）の耐用年数は120年、外装仕上により延命し耐用年数は150年。	大蔵省主税局（1951）「固定資産の耐用年数の算定方式」
鉄筋コンクリート造の住宅・事務所等の平均寿命	固定資産台帳の滅失データを基に、区間残存率推計法を用いて、家屋の平均寿命（残存率が50％となる期間）を推計した結果（2011年調査）、RC系住宅は68年、RC系事務所は56年。	小松幸夫（2013）「建物の平均寿命実態調査」

「期待耐用年数の導出及び内外装・設備の更新による価値向上について」
国道交通省土地・建設産業局不動産業課　住宅局住宅政策課、平成25年8月

また最近、建築費を圧縮した新築木造アパートもありますが、今から20年後の競争力という意味ではバブル期に建てられたRCのマンションが上回るといえるでしょう。昔のRCマンションは解体費用が高くなりますが、それくらいお金を投じて建てられているのです。

以上のことから、今後この郊外エリアに競合となるバブル期と同じレベルのRCマンションが新築で建つ可能性は極めて低いといえます。建ったとしてもコストが圧倒的に違うため価格帯は競合にならないでしょう。

木造や鉄骨物件なら、これからも新築で建っていくでしょうがRC物件が建つ可能性は低く、今すでにあるRC物件の希少価値が高いということです。

木造物件と比べたときのRC物件のメリットは、主に次の通りです。

- 資産価値が圧倒的に高い

図表 3-13　郊外中古 RC 物件の相続税評価

成約年月日	築年	駅／駅距離		価格	利回り(%)	土地積算	建物積算	積算合計	積算比率
2019/9/26	H11	海老名	10	¥273,000,000	6.90	¥167,694,000	¥156,610,168	¥324,304,168	118.8
2019/11/19	H2	橋本	12	¥175,000,000	7.59	¥56,230,900	¥48,030,626	¥104,261,526	59.6
2019/7/26	H8	矢向	15	¥105,600,000	8.41	¥42,128,700	¥45,974,583	¥88,103,283	83.4
2020/1/31	S62	津田沼	15	¥107,000,000	11.62	¥52,891,200	¥29,124,170	¥82,015,370	76.6
2019/12/9	H3	千葉	8	¥128,000,000	6.46	¥58,903,100	¥36,543,064	¥95,446,164	74.6
2019/12/9	H1	武蔵中原	15	¥149,000,000	7.00	¥50,412,500	¥30,270,638	¥80,683,138	54.1
2019/12/22	H2	八千代台	8	¥85,000,000	9.57	¥32,360,900	¥34,117,774	¥66,478,674	78.2
2020/1/24	S63	川越	10	¥160,000,000	9.59	¥47,584,800	¥44,817,968	¥92,402,768	57.8
2020/3/27	H12	川口元郷	15	¥235,000,000	7.85	¥92,845,000	¥107,914,502	¥200,759,502	85.4
2020/3/31	H4	狭山ヶ丘	10	¥325,000,000	8.55	¥108,978,000	¥148,028,596	¥257,006,596	79.1
2020/4/28	H5	中浦和	13	¥224,000,000	8.01	¥215,385,600	¥84,426,702	¥299,812,302	133.8
								平均	82.0%

※レインズの成約図面と不動産情報総合サイトをもとに作成

・耐震・防音・断熱機能に優れ気密性も高い
・経済的耐用年数が長い（長期間安定収益をもたらす）

特に、経済的耐用年数が長いという点については、国土交通省が２０１３年に発表した資料の中にも記載があります。

法定耐用年数ではＲＣの耐久力が47年とされていますが、実際はそれ以上あるという知見が多数紹介されているのです（図表３－12）。

なぜ資産価値・入居率ともに高い中古郊外RCが高利回りで取引されているのか？

また、中古RCでは規模感も重要です。一般的に、戸数が多いほど空室時のダメージは少なくなります。例えば、3件退去が出て空室になったとして、10室の規模と100室の規模だと、後者のほうがダメージは少なくなります。

郊外のメリットとして、同じ家賃だとしても都心物件よりも部屋数が多くなります。そのため、空室が発生したときも、入退居の際の総収入が大きく減るリスクが少なくなります。

例えば、同じ2億円のマンションでも、20室あるA物件と8室あるB物件では、空室が出たときのダメージはAのほうが小さくなるということです。

原状回復リフォームも戸数をまとめて発注することで低コストで行うことができたり、部屋の状態によって順番にリフォームを行ったりといったコントロールが可能です。これが戸数が少なければ、そのようなコントロールはできませんし、スケールメリットを使って割安にリフォームすることもできません。

ただし、戸数を多くして1室あたりの家賃を低くし過ぎると、リフォーム費用に見合わなくなりますし、住む人の属性が悪くなっていきます。

例えば原状回復工事費用でいうならば、木造アパートの単身向けであれば、高いときは1室10万円程度かかることもあります。家賃は1室4万5000円以上に設定しないと、「原状回復割れ」のリスクが高まるといえるでしょう。

また、安い家賃に入居する人のほうが相対的に見て部屋の使い方は荒い傾向があるため、部屋の状態が悪くなりがちです。そのため、必ずしも「戸数が多いほうがいい」とはいえません。あくまで家賃とのバランスが重要です。

かつてのように礼金を取れる時代ならよかったのかもしれませんが、今では礼金どころかむしろAD（広告費）でオーナー側に出費がかかる時代ですので、「同じ入居者にできるだけ長く住んでほしい」というのが今のトレンドになっています。

そう考えると、住環境に優れ、それなりの広さ、設備があるという条件が求められるといえます。つまり、ある程度の規模があり、設備の調った中古ＲＣに優位性があるということです。

従来のルールが破綻したとき、何が起こるか？

中古郊外ＲＣが資産価値、利益率ともに高いということはすでにお伝えしてきた通りですが、「なぜそんないい物件が安く手に入るのか」と疑問を抱かれた方もいるでしょう。

実はここまで述べた内容は、決してすべての人に当てはまることではありません。たいていの人は中古ＲＣ物件に対して、「キャッシュフローが回らない」という結果になります。

利回りは高くてもキャッシュフローが悪い。その答えはシンプルで「融資条件が悪いから」です。言い換えれば、中古ＲＣ物件購入に際してのいちばんの壁は融資のハードルが高いということです。つまり、誰でも買える物件ではなく、新富裕層のように属性がよかったり実績が積まれていたりしないと、いくら欲しくても土俵に立てないということです。

では、なぜ融資条件が悪くなるのでしょうか。それは、中古物件だと法定耐用年数以内の期間に融資が制限されてしまうからです。

金融機関の融資条件を決定するのにあたって、この「法定耐用年数」という数字は非常に大きな意味を持ちます。法定耐用年数とは簡単にいうと、ある構造で建築された建物はいったい何年間使用可能かというのを、税務上の理由で定めたものです。ＲＣ物件だと法定耐用年数は47年となります。

「法定耐用年数から築年数を引くと、残存年数は残り○年だから、その期限内の融資期間で融資を出す」というのが、一般的とされています。

ただ、この法定耐用年数の考え方は劇的に変わり始めています。今後、これまでの融資基準は変わっていく可能性が高いです。

これは私の推測なのですが、融資に法定耐用年数という指標がいまだに存在する理由は

「旧耐震（昭和57年以前に建てられた）基準に基づいて建てられた物件を世の中からなくしたいから」なのではないかと思っています。法定耐用年数がないと旧耐震の物件が生き延びてしまうので、そうした基準で融資も判断しているのではないかと考えています。

とはいえ、２０１８年が終わり、時代は令和に突入しました。新耐震基準に基づいて建てられた物件のなかにも、すでに築35年以上のものがありますが、旧耐震基準時の築35年の物件とは比べ物にならないくらいの耐震性・耐久性が担保されています。にもかかわらず、これまでのように「耐用年数が残り15年なので融資期間は15年までです」というのは明らかに時代錯誤的な考え方です。

したがって、私は近い将来、必ずこの「法定耐用年数」という指標は融資基準から外れると考えています。

実際、いくつかの地銀から耐用年数を大幅に超える融資を引くことができた方が、当社のお客様には多数いらっしゃいます。

そのため、かつては「法定耐用年数から見て残り15年しかないので、融資はこれくらいだな。これだとキャッシュが回らないから価格はこれくらいだな」と値段が抑えられていた物件が、この基準が見直されて長期の融資がスタンダードになったとたんに価格が上昇する可能性は十分にあります。

１２１ページの「融資期間17年と30年の場合での税引前ＣＦの比較」をご覧ください。想定利回り８％の１億円の物件を自己資金を１割出して購入した事例です。金利１％で融資期間17年と30年では月々のＣＦが20万円以上の開きがあります。

これまでは「法定耐用年数の残存が短くなった物件」は「売る」でしたが、「あえて購入する」という選択肢は非常に有効だといえます。しかし現状、そのことに気づいており、さらにそれを購入できるだけの資産力を持っている人はまだまだ少数派です。

少し前まで、「海外不動産であれば、減価償却が一気に取れるから」という理由で海外不動産投資を行う人がいました。しかし、そんな明らかな節税の抜け道を国が許すわけがありません。実際、２０２０年度税制改正で海外不動産投資の中古物件を利用した節税策ができなくなりました。

この海外投資における節税スキームを活用していたのは所得税率の高い「会社経営者」

「高額給与所得者」でした。つまり、新富裕層のなかにも海外不動産で節税をしていた人がいるかもしれません。

このように、ある日突然、法律が変わり、それまでの常識がひっくり返ることはよくあります。法定耐用年数や減価償却についても、今後変わっていく可能性は大いにあります。

私からすれば、今は日本の不動産に宝が眠っているとしか思えません。しかもその物件は、これまでの価値観からすると「きらびやかではなく地味な物件」です。投資とはそういうところが狙い目なのです。

耐用年数の問題でいえば、現在木造は22年ですが、長期優良化住宅や耐震等級、劣化等級などで22年以上であっても価値が維持される方向に進んでいます。同じRCの法定耐用年数47年も近い将来、「そういえば47年の時代があったな」となる可能性は非常に高いといえます。

ちなみに、ここまで当たり前のように使ってきた「RC造の耐用年数は47年」という基準ですが、実は過去何度も改訂されています。しかも、耐震基準は時代が進むとともに厳しくなっているにもかかわらず、耐用年数は時代とともに短くなっているのです。

私は耐震基準は上がっているのに、残存年数が減っていることに対して違和感を覚えます。

法定耐用年数の変遷を考察する

ここで簡単に、「鉄筋コンクリート造の建物の耐用年数」が歴史上どのように変化してきたか見てみましょう。

そもそもの「減価償却」は、明治32年に法人税が導入されてから徐々に意識されるようになりました。それを決定的なものとしたのが明治36年です。

当時日本郵船株式会社らが所有する「船舶」について、減価償却を行って損金経理していたことに対して税務当局が否定の意を示したのです。当時から減価償却の概念はありましたが、経費として損金性を認めるところまでは至っていませんでした。商法によって規定されていた「時価主義」によって、減価償却費を損金として計上しないものとされてい

図表 3-14

年号	耐用年数	根拠	理由
大正 7 年	100 年	堪久年数表（財務省内規）	物理的耐用年数のみをもとに算出（明確な根拠なし）
昭和12年	80 年	固定資産堪久表	経済的陳腐化・資産価値低下を考慮
昭和17年	60 年	固定資産堪久表	企業の内部留保充実と増税への対策
昭和22年	80 年	法人税法施行細則	極端に短縮された耐用年数を正常化する
昭和26年	75 年	法人税法の改正	加重平均による合理的な計算
昭和41年	60 年	法人税法の改正	内部留保の促進と、耐用年数のひずみ是正
平成10年	47 年	法人税法の改正	法人税の大幅改革

たのです。

しかし船舶は法人が保有する資産のなかでもかなりのウェイトを占めることに加え、「時価」の判断が非常に難しい資産でした。

そのためこの問題は訴訟事件となり、結果としては国の敗訴、つまり減価償却額の損金算入が認められたことになりました。

このタイミングで日本郵船は建物についても減価償却費を損金として計上していました。それに対しては、「建物に時価はあるため、（時価が分からない）船舶と同様には扱えない」としながらも、「時価に幅があることから、（損金への算入という文脈では）船舶の場合と同様に扱ってもよい」との判決が下されています。

このような経緯で建物の減価償却費が損金算入される

ようになり、その償却率を一律に定めるために「耐用年数」という概念が生まれることとなります。

・大正7年　耐用年数という概念の登場

日本で初めて耐用年数、当時の言い方で「堪久年数表」が大蔵省（現・財務省）の内規という形で発表されたのは、大正7年のことです。これによって税法上の減価償却が認められたと考えられています。

当時は経済的陳腐や税収上のあれこれは特に考慮されず、純粋な物理的耐用年数をもとにして算出されたとされています。そのため鉄骨・鉄筋コンクリート造建物の寿命は非常に長く、100年とされていました。

この100年という数字については合理的な理由があるわけではなく、ほかの資産と比較するなかでの耐久性の高さから100年という年数になったと考えられます。

・昭和12年　経済的陳腐化と資産価値の低下

大正7年に定められた「堪久年数表」は長らく改正されないままでしたが、昭和12年に大幅な改正がなされます。

理由としては経済界からの申請によるものが多く、具体的にいうと「従来の年数表に従うと物理的には耐えられても、経済や技術の発展による相対的な価値の下落を考慮できない」「投資資金を早期に回収するためにも償却を短くしたい」といったものが挙げられます。

その結果、鉄筋コンクリート造建物の耐用年数は80年に引き下げられました。

・昭和17年　企業の内部留保充実と増税への対策

続いての年数改正はまさに戦時中、昭和17年に行われました。

このときの改正は昭和12年と同じように、投下資金の回収をさらに早めて企業の内部留保を増やして国力を高めたい、さらには今後の増税も見据えて課税所得を抑えることで、企業のダメージを減らしたいという意図があったものと思われます。そのため鉄筋コンクリート造建物の耐用年数はさらに20年短縮され、60年とされました。

このように、当初の耐用年数は物理的耐用年数を基準としていましたが、税法との絡みが濃くなればなるほど、建物本体とはかけ離れたところで話が進んでいきます。この傾向は戦後にいったん落ち着くものの、高度経済成長とともにますます加速していきます。

・昭和22年　法制化と、戦後にあたっての平常化

昭和20年に終戦を迎えた日本は、同9月に「法人格税の取扱」として法人税の取り扱いを公表し、昭和22年には減価償却を含む法人税についてのあれこれが法制化されることとなりました。

その文脈で投下資本の早期回収という観点から異常に短縮されていた耐用年数の見直しが行われ、鉄筋コンクリート造建物は、昭和12年と同様の80年に戻されました。

ここまではかなりアバウトな計算での算出でしたが、昭和25年にシャウプ勧告が出され、税法の整備が求められたことで次の改正はかなり合理的な判断のもと定められることとなります。

・昭和26年　合理的判断基準が求められる

昭和26年に行われた改正では、物理的・経済的など多角的な視点からの耐用年数を定めたものとなりました。まずは、下の表をご覧ください。

昭和26年の改正では、建物を個々の区分に分け、その取得価格と年数によって加重平均した「総合耐用年数」を採用しています。

もっと詳しく、建物をそれぞれの設備やパーツに分解し、区分ごとに「どれくらいの年数持つのか」「建物全体でどれくらいの金額を占めるのか」という点から個々の減価償却費を求め、それらを合計した「建物の減価償却費」から耐用年数を逆算するという手法です。

それを踏まえて先ほどの表を見てみると、建物の価値10000円に対して減価償却費は年額134・8円と

図表 3-15

区分	耐用年数	建物全体を1万円とした場合の各構造の金額	減価償却費
防水	20年	135	6.7
床	30年	720	24
外装	50年	720	14.4
窓	30年	1,260	42
構造体	150年	7,165	47.7
建物全体	？年	10,000	134.8

出典：「昭和26年大蔵省主税局　固定資産の耐用年数の算定方式　付表2　建物の耐用年数算定の基礎」

なっています。10000／134・8≒74・18となり、耐用年数は75年と定められました。

ここまでの耐用年数が、おおよその物理的耐用年数を起点として税収の観点から増減していたことを考えると、かなり合理的な説明といえるのではないでしょうか。実際、この数字は15年にわたって維持されました。

・昭和41年　経済界の要請による短縮

物理的には合理的だと思われていた上記の耐用年数ですが、15年の時を経て「当面の経済状態に即応し、産業上、経済上の諸要請にこたえ、企業の内部留保の充実に資するため」として改正が行われることとなりました。

この要望の中身としては、①建物の耐用年数が長らく変更されていないこと、②建物の高層化・近代化に伴って建築物の陳腐化が進んでいること、③建物の耐用年数を延ばすことが内部留保の促進と経営基盤の強化につながるといったものでした。

考えてみれば昭和41年は東京オリンピックが終了していったん景気が落ち着いた頃、いざなみ景気に向けて企業の資金力向上がまさに目されていた時期でもあります。

つまり、今回の改正は明らかに建物構造自体とは関係ないのです。それにもかかわらず、耐用年数は75年から60年に引き下げられました。

・平成10年　法人税の大改革

そして平成10年、税制の大幅改革が行われ減価償却に関しても大きな変化が起こります。そのなかに含まれているのが、「耐用年数の60年→47年への短縮」です。このタイミングで建物の償却方法が定額法のみになったり、経費で落とせる資産の金額が20万円から10万円に引き下げられたりしています。

今回の引き下げに関しては耐用年数単体で見るというよりは、数多くの税制改革の一環として行われたことの一つとして見たほうが正確でしょう。ここまで見てきたように法定耐用年数は、もはや建物自体の耐久性とはまったく別の観点から定められています。税制改革にあたって、「経済界側への分かりやすい利点」として提示されたのではないでしょうか。

図表 3-16　減価償却資産の耐用年数表〔抜粋〕

減価償却資産の耐用年数等に関する省令（昭和 40 年財務省令第 15 号）

1　建物

構造、用途		細目	耐用年数
鉄骨鉄筋コンクリート造、 鉄筋コンクリート造		事務所用、下記以外用	50 年
		住宅用、宿泊所用	47 年
		店舗用、病院用	39 年
		送受信所用、車庫用、格納庫用、と畜場用	38 年
れんが造、石造、ブロック造		事務所用、下記以外用	41 年
		住宅用、宿泊所用、店舗用	38 年
		病院用	36 年
		送受信所用、車庫用、格納庫用、と畜場用	34 年
金属造	骨格材の肉厚 （4mm を超える）	事務所用、下記以外用	38 年
		住宅用、宿泊所用、店舗用	34 年
		送受信所用、車庫用、格納庫用、と畜場用	31 年
		病院用	29 年
	骨格材の肉厚 （3mm を超え 4mm 以下）	事務所用、下記以外用	30 年
		住宅用、宿泊所用、店舗用	27 年
		送受信所用、車庫用、格納庫用、と畜場用	25 年
		病院用	24 年
	骨格材の肉厚 （3mm 以下）	事務所用、下記以外用	22 年
		住宅用、宿泊所用、店舗用	19 年
		送受信所用、車庫用、格納庫用、と畜場用	19 年
		病院用	17 年
木造、合成樹脂造		事務所用、下記以外用	24 年
		住宅用、宿泊所用、店舗用	22 年
		送受信所用、車庫用、格納庫用、と畜場用	17 年
		病院用	17 年
木骨モルタル造		事務所用、下記以外用	22 年
		住宅用、宿泊所用、店舗用	20 年
		送受信所用、車庫用、格納庫用、と畜場用	15 年
		病院用	15 年
簡易建物	主要柱が 10cm 以下で杉皮、ルーフィング、トタン葺きのもの		10 年
	掘立造のもの及び仮設のもの		7 年

図表 3-17　融資期間 17 年と 30 年の場合での税引前 CF の比較

（1 億円、想定利回り 8%、経費等 200 万円、自己資金 1 割、金利 1%）

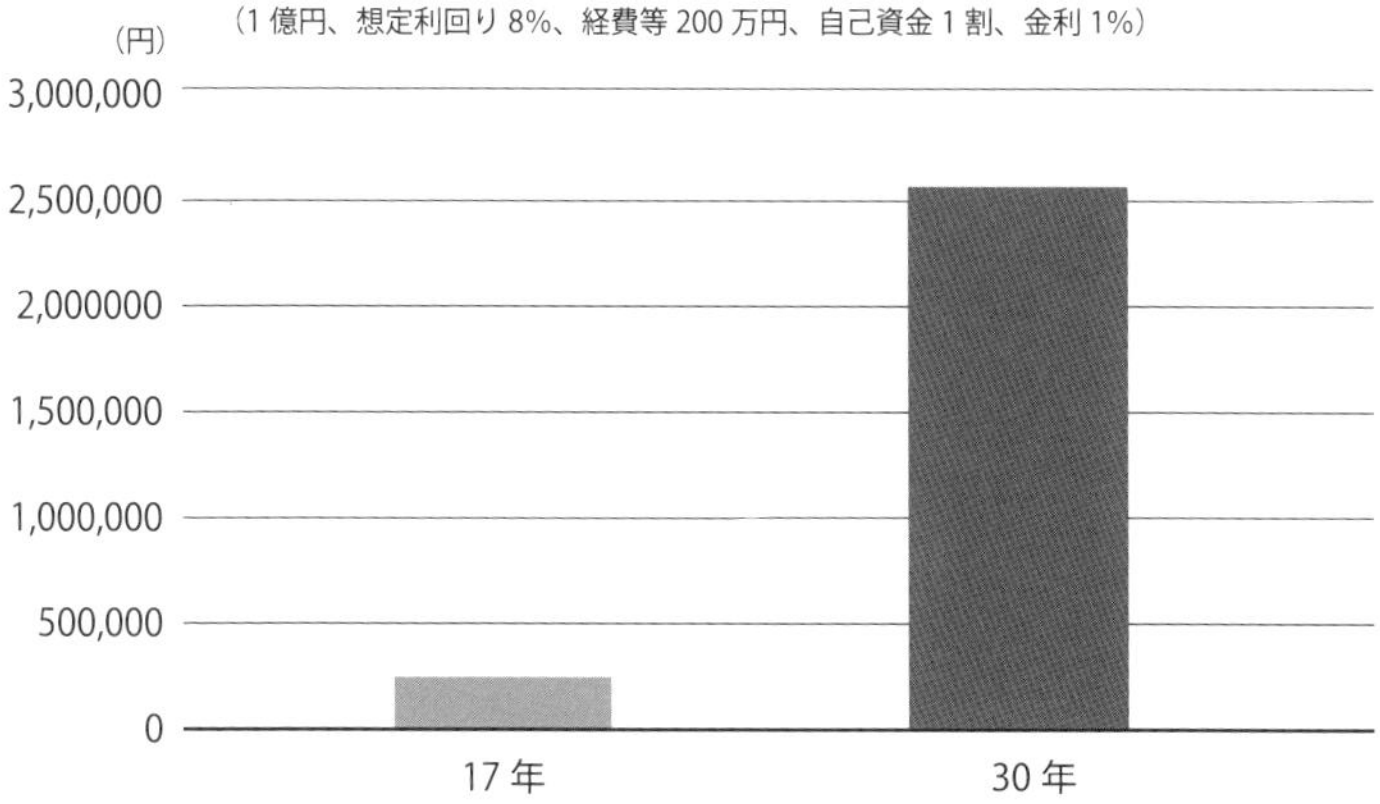

このように変遷をたどってみると、「法定耐用年数＝建物の価値が持続する年数」としている最近の金融機関や不動産業者の考えは、どうにも腑に落ちません。

特に今後の日本は人口の増加も止まり、政策としてもスクラップ＆ビルドからストック重視の時代を迎えようとしています。

また、企業の内部留保充実を目指したり法人税の引き締めに対する緩和策の必要もなくなったりした現代において、鉄筋コンクリート造の建物が「47年しか価値がない」とする見方は長くは続かないと考えるのが自然ではないでしょうか。

ＲＣは解体費が高額です。昔と比べると5倍程度高くなっている印象です。また、解体における環境問題（粉塵）もありますし、建築業界の人数は減っています。さらに人口減少による空き家問題もあるので、国としてもできるだけ長くしたいと思っているはずです。延命させるためには、47年という規制を取っ払うしかありません。昔は耐震性の問題がありましたが、新耐震基準になってからは基本的に安全な建物だけが建てられています。

一棟物件のメリット

一棟物件の大きなメリットとして、建物全体に対するコストコントロールが容易にできることや、技術の進歩による建物設備の進化に対応しやすいということがあります。特にRCマンションの場合は物件の規模が大きくなりがちですので、設備や管理方式を変えるだけで大きなコストカットにつながることもあり得ます。

ここでいう「コスト」とは、主にBM（ビルメンテナンス）費と呼ばれるもので、日常的な清掃や建物設備の点検などを指します。

本書では、時代による変化が特に顕著な「給水」と「EV管理」について簡単に説明いたします。

・給水方式の進化

共同住宅における給水と聞くと、物件の横や屋上に設けられた巨大な貯水槽をイメージ

図表 3-18

	貯水槽水道方式	直結給水方式（増圧ポンプ）
発生するランニング	貯水用清掃、ポンプ点検、水質検査費用（50,000〜100,000 円／1回）	ポンプ点検費用 ※切替時に数百万（50,000 円前後 / 1回）
メリット	• 非常時に貯水能力あり • 圧力や水量を一定に保ちやすい	• 水が衛生的（水道管から供給） • 貯水槽のスペースカット • ランニングを削減できる
デメリット	• 不衛生リスク • 清掃や点検代がかかる • 貯水槽を置くスペースが必要	• 非常時に貯水できない • エリアによって制限あり

する方が多いのではないでしょうか。実際、多くの建物に貯水槽に貯めた水をポンプで各戸に運ぶ「貯水槽水道方式」が用いられています。

しかし、技術の進歩とともにまったく新しい給水方式も採用されるようになってきました。それが「直結給水方式」です。

読んで字の如く、水道管に流れる水を貯水槽に貯めることなく、直接もしくは増圧ポンプを使って各戸に届けるという方式です。東京都水道局では1995年10月から直結方式を採用しており、最近は東京都、横浜市、さいたま市など多くの自治体が直結方式への転換をお勧めしています。

給水方式の違いを簡単にまとめたのが上の表です。

受水槽を用いないため、非常時の備えという意味では貯水槽水道方式に分がありますが、水の衛生環境、ランニングコスト、余計なスペースを必要としないなど、直結方式のほうがメリットは大きいです。

ただし、その地域を通る水道管の口径や水圧によっては、切り替えができない場合もあるため注意が必要です。

・EVの保守点検

物件が大規模になれば、入居者目線でほぼ必須といえるのがエレベーターです。

しかし客付け面では大きな戦力となる一方で、電気代や定期点検、場合によっては交換が必要になるなど、コストの観点から見ると非常に大きなインパクトを及ぼします。

そんなエレベーター保守点検も、２つの管理形態×２つの会社形態で、大きく4パターンに分類されます。それぞれの特徴が次の表です。

※ＰＯＧ契約でカバーできる範囲の例（Ｎ社）
各種ボルト・ナット、カゴ内蛍光灯、点検用マシン油、ウエス、グリス、ヒューズ類

図表 3-19

管理形態	FM（フルメンテナンス）契約	POG（パーツ・オイル・グリース）契約
発生するランニング	• 40,000〜60,000 円	• 20,000 〜 50,000 円
メリット	• 通常使用のあらゆる面をカバー	• 月々のランニングを削減
デメリット	• 修繕の発生／未発生に関わらずランニングが一定(POG より高額)	• 一部の部品交換や修繕は都度都度費用が発生

図表 3-20

会社形態	独立系	メーカー系
メリット	• 月々のランニングを削減	• 安心感、ブランド力
デメリット	• 技術力や災害対応体制に若干の不安（企業規模に拠る）	• 価格の柔軟性が低く、割高である

今ではこのように分類されていますが、従来はエレベーターを製造する「メーカー系」の会社が自社製造したエレベーターの保守点検を行うという流れが90％以上でした。各社はエレベーターの本体価格自体を抑えてシェアを伸ばしたいため、その分保守管理が割高になるという傾向がありました。

そんななか登場したのが、エレベーターの保守点検のみを行う独立系の会社です。エレベーター本体の開発を行わないこともあり、保守点検の費用自体はメーカー系よりも抑えられます。

当初はメーカー系が特定の部品を独

立系に供給しないといった対立がありましたが、1993年に部品供給が独占禁止法違反に当たるとの判例が出たこともあり、今では独立系の企業もシェアを伸ばしています。実際、2018年9月には独立系メンテナンス会社が初めて東証一部に上場しました。

このように、時代の流れに沿って設備や管理のあり方が変化するに従って、一棟物件では自分の好きなタイミングで設備や管理形態の入れ替えを検討することができます。ランニングの削減という目的以外でも、利益が多くなりそうな年に修繕をぶつけて損益勘定するなど、自分の思うままにアレンジできることは一棟物件の醍醐味の一つです。

もちろん、上記のような変更は区分マンションのオーナーという立場でも可能です。しかし、区分マンションのオーナーのうち、保有物件の管理組合の一員として物件管理に関して働きかけをする心理的・金銭的・時間的余裕のある方がどれだけいるでしょうか。「管理組合」とは名ばかりで、実際は「管理会社」に言われるままの管理料や修繕積立金を支払っているケースも多いです。

また、仮にとても熱心なオーナーがいたとしても、一人の力ではどうにもできないケースもあります。その一つが先に述べた給水方式の変更です。

給水変更工事は区分所有法が定めるところの、形状または効用の「著しい変更」に当てはまると考えられます。その場合、工事を実施するには原則は区分所有者の3／4以上、規約があっても過半数の賛成が必要となります。

つまり、その共同住宅の各オーナーに対して給水方式を変更する理由を説明し、それを納得してもらい、特別決議で最低過半数の賛成を得られて初めて工事に着手できるのです。

連絡が取りやすく、話を聞いてくれる方ばかりならいいですが、札幌や福岡といった地方都市の物件を東京のオーナーが所有しているというケースも少なくありません。その一人ひとりに対してどうして工事を実施するのか、どのようなメリットがあるのかを理解していただくことは簡単ではありません。

第4章

新富裕層は金融機関から高評価！
銀行を味方に付ける方法

金融機関から高く評価される個人属性を持つ〝新富裕層〟とは？

これまでお伝えしてきたように、郊外中古ＲＣの魅力はさまざまあるのですが、融資のハードルが高いという唯一ともいえる欠点があります。

金融機関にとって不動産への融資というのは、担保価値がある、高く金利が取れる、返済計画が見えやすい、グロスで貸しやすいという理由から人気ですが、融資先を選ぶ際に物件ではなく借り手の属性をより重視するようになっています。

では、金融機関から高く評価される個人属性を持つ〝新富裕層〟とは、どんな条件が当てはまるのでしょうか。

本書では新富裕層とは、もともと親から譲り受けた資産がある、あるいは地主であるなどではなく、「自分で高収入を稼ぐ力のある層」を指します。具体的には年収2000万円以上、純資産で5000万円以上です。

あえて「純」と付けたのは、例えば8000万円の自宅を所有しているといっても、住宅ローンで7000万円、現金で1000万円で総資産8000万円では条件に当てはまらないからです。

新富裕層は外資系のITもしくは金融業界に勤めているエリートビジネスマンが主に該当します。なぜ外資系かというと、日系企業よりも賃金が高いからです。正確にいうと、外資系が高所得というよりも、日本人の給料が先進国のなかでは相対的に低いといえます。最近では、東大生の官僚離れが進んでいるといわれています。公務員試験に受かっていても外資系コンサルティング会社に就職する人もいます。

東大卒といった地頭がいい人はもちろん、ITに長けた人、営業力のある人、金融で稼ぐ力のある人が、給料の高い外資系企業には多く勤めています。そうした人たちはお金に対するリテラシーも高く、投資に対してもロジカルに考えるという姿勢です。

不動産投資で成功した人に対して、レバレッジを利かせて一攫千金で億万長者になったというイメージを持つ人は多いでしょう。確かに書籍などを見ても、成功への強い意志があり、逆境を跳ね除けて頑張った人のストーリーがよく描かれています。

しかし、現実にはそうした人は少なく、コツコツ地道な努力を積み重ねてきた人が大きく花を咲かせているパターンのほうが多いのです。こうした人たちは、ゴージャスできらびやかなイメージとは異なり、いわば「新」富裕層と呼ぶにふさわしいタイプでしょう。

本業での「新富裕層」の方々とは、目先の所得税節税であったり、将来不安の解消などが目的ではなく、あくまで本業の給与所得でより高みを目指しながら、充実した資産形成のために安定した収益物件を長期保有する属性の人達です。

つまり「不動産を買って豊かになろう」と考えている人ではなく、「既に豊かさを享受しているなかで、さらにそれを強固にしていこう」と考えている人ということです。

そのため「なにがなんでも不動産投資をして、人生を逆転させたい」という人はまずいません。そうした〝心のゆとり〟を持っているのも新富裕層の特徴だといえるでしょう。

というのも、不動産投資は表面利回りだけ見れば割のいい投資商品のように見えますが、修繕費や賃貸募集費、借入返済や税金などを差し引くと決して手残りが潤沢に残るケースばかりではありません。

不動産を使って目先のキャッシュを増やすというより、資産価値のある物件を長期保有して安定収益でローンを返済して、優良な資産形成をしていくことに本質的価値を見出しているのです。

なぜ新富裕層に融資を出すのか

新富裕層は金融機関からの評価が高く、融資が受けやすいといえます。

繰り返し述べますが、収益不動産とは、「収益が安定していて担保がある」という理由から金融機関にとっては「積極的に貸し出したい」商品です。だからこそスルガ銀行の不正融資問題が起こったともいえるでしょう。

スルガ銀行のケースは実体が伴っていなかったので社会問題まで発展しましたが、本来収益不動産は優れた融資対象の一つなのです。そして、融資するのであれば貸倒れリスクが少ない優良な個人・企業を選ぶというのも当たり前の論理でしょう。

ただし、いくら属性がよくても注意点があります。それは、「不動産投資で得たお金を生活資金に充てること」。これをすると、金融機関の印象はかなり悪くなります。生活に余裕がない人だと思われ融資の対象外となります。

新富裕層でそうした方は基本的にはいません。また、前述したように不動産の運営に関わる不測の支出に備えるといった意味でも、不動産投資で得たキャッシュの使い方には慎重になるべきです。

本書でお勧めしている投資は生活資金を稼ぐためではなく、あくまで本業で培った高収入を背景とした資産形成なので、毎月得たキャッシュフローは預金口座に入れておくものです。もしくは、金融機関から「定期預金、定期積み金にしてください」と言われることもあるかもしれませんが、これをすることで信用力につながり、お金の管理ができる人だという印象を与えられます。

不動産投資でキャッシュフローが出たら、高級なものを買って贅沢な生活をしたいと考える人もいるかもしれません。

しかし本当に成功している人は、浪費などせず、地道に資産を築いています。そして、細かいテクニックに走るのではなく、長期収支、または収益不動産投資の本質的な部分を理解しています。

時代とともに移り行く「銀行評価」

ここからは銀行評価について掘り下げていきます。今でこそ「収益還元評価」や「積算評価」という言葉も一般的になっていますが、こうした評価方法が根付いたのはわりと最近の話です。

新卒で金融機関に入社した私は、それこそ業務として「物件評価」を行っていました。

やがて不動産業界に転職をしますが、時とともにその評価方法は形を変えていきます。だからこそ、私は今の時代の「評価基準」も今後変わっていくのではないかと予測しているのです。

【バブル期】取引事例比較法

バブル期に金融機関に勤めていた私が最初に教わったのは、取引事例比較法と呼ばれるものでした。当時、銀行でも一般的だった取引事例比較法とは、多数の不動産の取引事例をベースにして、対象となる不動産価格を求める手法です。

例えば、「査定しているAという土地」と「Aと条件が近い過去に取引されたBという土地」があるとしましょう。

このとき、Aの路線価が坪60万円で、Bが路線価50万円で坪100万円で売買された事例がある場合、「60：X＝50：100」という計算式でAの時価評価を算出することができます。

路線価とは、相続税の算出のために各道路につけられた価格のことで、「路線価50万円」のとき、その道路に接している土地の相続税算出のための資産としての価値は1㎡あたり50万円とみなされます。

この計算式を解くためには、「内項の積＝外項の積」になりますので、今回の場合だと外項の積が「６０００」、内項の積が「50Ｘ」となり、この一次方程式を解くと「Ｘ＝１２０」、つまりＡの評価は１２０万円ということになります。

取引事例比較法は、おそらく公的・第三者的な評価で恣意性が配慮された路線価を用いており、計算もロジカルで説得力もあるということでバブル期に大いに使われていました。

さらに当時は、金融機関がお金を貸したい時代であり、実際相場も上がっていたため、「時点修正」を加えました。

時点修正とは、例えば「1年前と比較すると現在の地価は20％上昇している。よって、物件売却時となる1年後の評価は1・2倍にする」というものです。

しかし、去年2割上昇したから今年も来年も同じように2割上がるかというと、もちろんそんなことはありません。つまり、時点修正とはある意味で〝まやかし〟のようなものであり、まさに「このまま不動産価格は上がり続ける」というバブル時代の産物ともいえるわけです。

当時は、「10億円の取引事例があるけど、この1年間で2割上がっているから、来年の今頃には放っておいても12億円になっているだろう。黙っていても2億円儲かるわけだから転売だけで事業になる」と考え、実際にビジネスをしていた人が多くいました。いわば〝買ったもん勝ち〟な時代であり、今考えると非常に恐ろしいことを疑いなくやっていたわけです。

さらに恐ろしいという意味では、路線価は土地の収益性や換金性を考慮しているわけではなく、相続税を算出するために存在しているので、本来なら収益性や賃貸需要がない土地であっても、机上価値として価格がついてしまうのです。

そのため、取引事例比較法においては「すべての土地には価値がある」ということになり、その考え方で融資を次々としていくと、収益性のない土地も含まれてしまうため、非常に大きなリスクが伴いました。

そうしたバブル時代の反省もあり、融資対象、投資対象となる不動産にとって大切なのは「収益性」となって収益還元法が生まれたのだと思います。その後、「一時的な収益ではなく、本質的価値を評価することが必要である」ということで積算法も取り入れて立体的に評価されるようになりました。

このように、不動産評価といっても30年のなかでこれだけ変化してきているわけです。評価の方法は時代のなかで変わっていくものなので、今後も変わる可能性は大いにあり得ます。

ここで強調しておきたいのは、「土地を見るときは普遍的価値の見方を確立しておくことが必要」ということです。銀行の評価が出るから、利回りが高いからというのは、本来的な意味での土地の評価ではありません。

普遍的価値といっても、難しいことではありません。例えば、前面道路がある程度の広さがある（道路付けがいい）とか、土地の形が整形地である、周辺環境が良好である、というのは重要な価値ですし、逆に、土地の形が歪んでいるとか、海抜が低い、地盤が緩い、などがマイナス要素といえます。

バブル期には数多くの不動産会社が消えていきました。都心で活躍していたバブル王のような投資家も、土地の値上がりを前提としており、売却益がないと潰れてしまうというスタイルだったので、土地神話の崩壊とともに消えていきました。

では、破たんしなかったのはどのような人・会社かというと、融資を受けずに現金で事業をしていた、もしくは調達コストが限りなくゼロだったケースです。

例えば、森ビルは地権者と共同でビルを建てたことで土地の調達コストを削減したため、バブル崩壊後も勝ち残ることができました。逆に、借金をして買いすすめた不動産業者はどこも失敗しました。

そのように企業が潰れていった結果、不良債権が次々と出てくるようになりました。その処理のために、都市銀行は再編をせざるを得ない状況に陥りました。

【ファンドバブル期】収益還元法

その10年後くらいにファンドバブルがやってきます。このときは、銀行が疲弊しており、金利が下がっていったにもかかわらず、不動産が売れないという状況が続いていました。

そんななか、海外から見ると非常に割安で投資効率がいいと判断されたため、ゴールドマンサックスやリーマンブラザーズなどさまざまな外資系のファンドが20世紀の終わりから21世紀にかけて、日本の不動産を買い漁っていったのです。

そうして、外資が買うことで日本の新興デベロッパーも刺激されるかたちで活気づきました。ファンドバブル期は新興デベロッパーの活躍期だったともいえるでしょう。

当時は、期待利回りと換金性を重視して投資をしていました。バブル期のように値上がり益ではなく、投資に対するランニングのリターン（賃料収入）に価値を置いていたのです。

簡単にいえば、「この物件は、年間で1000万円の賃料収入があり、期待する利回りは10％。だから1000万円÷0・1＝1億円、つまり1億円の価値」というのが収益還元法です。

では、なぜこのファンドバブルは崩壊したのか。私は「換金のタイミングが決められていたから」だと思っています。

例えば、5年間、ファンドでまわしたうえで、投下資金を戻すとして、5年後の出口の時点で相場が上がっていればいいですが、相場が下がっていると損します。出口の期日が決められている限り、そのときの相場に左右されます。

当然、土地の価格は上がり下がりするものなので、売るタイミングでどうなっているかは誰にも分かりません。出口のタイミングが決まっているというのは、いいときは問題ないのですが、悪いときは破たんします。これがファンドバブルの崩壊だったと思います。

もう一つ理由として挙げるとするならば、不動産の期待利回り（賃料と入居率）が実態とは乖離していた、つまり机上の空論になっていた可能性は十分にあります。ファンドバブル時代は、前述したようにバブル期の取引事例比較法の失敗を受けて「収益還元なら失敗しない」という理屈が受け入れられていました。

そもそも期待どおりに賃料が入ってこなかったり、想定以上にさまざまなコストがかかったり……リスクをよく考えずに買ってしまったツケがあとになって肥大化していったのです。

【現在】積算法

最近のスタンダードは、収益還元だけではなく積算法もしくは再調達原価法といいますが、相続税評価の土地の評価と、建物は再調達価格（もう一度今建てるとしたらいくらくらいかかるか）で算出する評価も、銀行評価として使われています。

土地積算は敷地面積×路線価、建物は延べ床面積×再調達価格×残存年数／耐用年数となります。今まで見てきた評価のなかで、一番担保価値としての意味合いが強くなります。

また、積算が出る物件として、「面積が大きい物件」「築年数が新しい物件」になりやすいという傾向があります。郊外型ＲＣ物件は広い土地にゆとりのある間取りで建設されていることが多く、積算評価が伸びやすいという特徴もあります。

こうした30年程度のサイクルを見ても、評価の基準が時代とともに変わっていくことが分かります。

そして今後、また基準がより普遍的価値に近づいていく可能性は大いにあり得ます。ですから繰り返しになりますが、今物件を買える立場にある属性の人たちは、「収益性が高いから」「積算が出るから」といった理由ではなく、地形や道路付け、環境、インフラなど「実」の部分を重視すべきです。

ただ、中古物件には注意しなくてはいけないポイントがあります。中古だと、現在は収益が上がっていても、法的な規制がかかったり、トレンドが変わったりして価値が下がり、最悪な場合は価値がゼロになるリスクがあります。

例えば、旗竿の土地は〝今〟はいいとされていますが、法的な網をくぐり抜けて建てているようなものは普遍的価値があるとはいえません。

ほかにも、崖地に無理やり建てている物件なども危険でしょう。利用の方法や、収益性で見たときの費用対効果が変わったときに土地としての資産性、価値がなくなってしまいます。

ですから、旗竿地や崖地などの変化球には手を出さずに、普遍的価値の見方や現在の評価方法のトレンドや問題点を知っておくことが求められているのです。

各銀行の特色比較

法定耐用年数と融資期間が異なるものであることはすでにご説明しましたが、金融機関ごとに特徴や傾向がありますので、具体例を挙げてご紹介させていただきます。

・地銀A銀行

不動産に積極的な銀行で有名ですが、積算評価重視の傾向があります。もちろん収益還元評価も算出しますが、借手の本業収入などでカバーしやすいため、富裕層の方であればボトルネックにならないと感じています。

また、最近は減りましたが一時期はフルローンやオーバーローンといった融資が当たり前のように実行されたこともあり、自己資金割合の基準が緩いという点は大きな強みだと思います。

加えて、融資時期や支店ごとによっても個別性が強いという特徴があります。直近の令和2年の3月末においても当社販売物件への融資についてフルローンが実行されており、融資エリアは東京、千葉、埼玉、神奈川の一部など支店があるエリアが前提になりますが、既存取引先ですと柔軟性もあるようです。金利も低く1％を切ることも珍しくないため、富裕層からの支持も厚く当社での実績もいちばん多い金融機関ではないかと思われます。

また、新規出店をする際にはボーナス期間に積極的になることがありましたので、まだお取引のない方は新しい支店が出店する際に狙ってみるのもお勧めですし、賃貸経営をするうえでは押さえたほうがいい銀行だといえます。

そのほかの特徴としては、法定耐用年数内での融資が原則ではあるものの、簡便法による見積耐用年数まで延ばすことへのハードルは比較的低い印象です。

例えば、築30年のRCの場合、法定耐用年数47年－経過年数30年＋（経過年数30年×0・2）＝23年となります。

最近では年収のハードルも上がりつつありますので新規の方の場合で、年収2000万円以上の方が望ましいと思います。お住まいエリアも一都三県内エリアであれば、紹介などの関係により比較的柔軟に対応いただける印象です。

・地銀B銀行

こちらも地銀A銀行と並んで不動産に積極的な地方銀行の一つです。不動産の評価は地銀A銀行と同じく積算評価を重視する傾向にあります。

一方、時価に比べて路線価が低く担保評価が低いエリアでは伸びにくいという弱みがありますが、その弱みを補うために一部の高属性の方への特別融資制度が作られました。

いくつかのチェックポイントをすべてクリアする方については、積算評価額を2倍にして審査するというものでファンドから資金調達を行ったため、融資枠が限られていました。キャンペーン開始当初は年収2000万円以上が融資条件でしたが、一昨年ぐらいの話では3年連続年収3000万円、かつ40代という基準に変わったと記憶しています。現在の状況は未確認ですが、融資方針が大きく変わるということは覚えておく必要があります。

耐用年数以内の融資を基本としながらも3～5年程度の延長は柔軟性があり、それ以降は大地主などの資産家に限られてくるかと思います。

最近の傾向としてはほかの地銀との経営統合や業務提携などの影響もあるためか、いわゆる越境融資に消極的だと感じます。もちろん個別性はありますが、特に新規融資はお住まいや融資エリアでお断りされることが多いです。

金利は低めで、感覚的には1％前半でのお話も多く地銀A銀行よりも少し高めの設定だと感じていますが、あくまで肌感覚である点はご了承ください。

・地銀C銀行

A銀行やB銀行よりも規模的には小さいですが、不動産への融資は積極的なため、融資期間や金利などの柔軟性も大きいという特徴があります。

ポイントとしては、担当及び支店長がどの銀行出身であるかによって積極性が異なる印象です。

もちろん、徐々に銀行文化が融合していくということはあり得ますが、一度染みついた文化を変えることは容易ではないと思いますので、支店や支店長がどちらの銀行出身かは事前に確認しておいたほうがいいかもしれません。

融資の特徴としましては、融資期間の柔軟性は高いです。もちろん資産背景次第ではありますが、金利も1％を切って期間を延ばせるため、新富裕層の方には重宝される金融機関だといえます。

当社の物件でも「フルローン」の融資をしていただいたことがあり、金利、期間、融資額について他行よりも競争力が高いイメージがあります。

・メガバンクD銀行

一時期はかなり積極的に不動産融資をしていましたが、ここ最近は控えめな印象です。基本的には収益還元評価のみで担保評価を取るため、駅近で土地が狭く容積率が高いペンシル型の物件が評価が伸びやすく相性はいいです。

収益還元評価は家賃単価がポイントとなりますので、家賃単価が低く、建物面積が大きい郊外物件やファミリー系は修繕費用の引当金が多くなってしまい評価が伸びにくいという特徴があります。

一方、専有面積が小さい物件（17㎡以下）は家賃単価は上がりやすいのですが、将来的な競争力の観点から厳しめに評価されると聞いています。

札幌、福岡などの地方都市は得意でしたが、最近は引き締め傾向のようです。東京カンテイでの家賃シミュレーションを採用するため、賃貸需要と賃料予測の精度は高く、査定結果は参考になるでしょう。

融資期間について、一時期は検査済証があって土地の最低面積をクリアしていればプラス10年など柔軟性がありましたが、最近は耐用年数内融資が原則です。さらに土地が狭いと法定耐用年数からさらに短い融資期間になるということもあります。

一時期積極的に融資した際にフルローンやオーバーローンが多発し、不正融資絡みの問題に巻き込まれてしまった案件があるようです。そのため、早期返済を求められたり、金利が上がったという話も聞いたことがあります。

昔から不動産融資を得意としていた銀行だけに残念ですが、しばらくはほかのメガバンクと同程度の条件で堅めの融資になると思われます。

一方、当社の仲介実績としては当社の既存顧客の新富裕層の方が、２０２０年の3月末に耐用年数がゼロの軽量鉄骨造で15年の融資を引いて取引を行ったこともありますので、あくまで融資は個別要因が大きいといえます。

・地銀E銀行

アパートローンの代名詞ともいえる銀行でシェアハウス問題以降は方針を変え、準富裕層以上の方への融資にシフトしています。

具体的には、以前は年収700万円程度でも融資していましたが、現在は1000万円以上かつ上場企業に勤務しているサラリーマンや医者、弁護士、税理士などの収入が安定した属性の方に対して積極的です。

この方針転換に伴って金利が大幅に下がることになりました。以前は4・5%が基準でしたが現在は1・5~3%までが一般的で、都内の物件であれば1%台でも融資を行っています。金利は立地と資産背景によって区分けされ、物件価格に対する純資産比率を重視する傾向にあります。

いちばんの強みは融資期間であり、鉄筋コンクリートと鉄骨造は60年、木造は50年を耐用年数として経過年数を差し引いた年数で融資ができます。注意点としては完済年齢が81歳のため、融資実行時の年齢によって融資期間が制限されてしまいます。

そのほか、以前との変更点は資産管理会社への融資が解禁されたことです。やはり富裕層をターゲットに融資する場合、法人で所有される方が多いため理にかなった方針だと思います。

例えば、通常は築30年の鉄骨造は融資期間が限られて買い手が付きにくいため、利回りが高めになる傾向がありますが、この銀行の場合は30年融資が可能で金利も1％台であればイールドギャップを維持しながら返済をして収益性と資産性（純資産増加）を高めることができます。

特に土地値に近い物件の場合は建て替えを視野に入れながら保有できるので投資戦略の幅が広がるかと思います。

自社の販売物件では2019年に1988年RC（残存16年）の物件で融資期間30年の融資を引いてご購入いただきました。直近では埼玉県の1992年RC（残存19年）の物件に対し、30年、金利1・9%、約9割の融資承認がありました。

このように、かなり積極的な金融機関ですので、当社のお客様でもぜひ活用したいと思う方は増えてきております。

・地銀F銀行

非常に硬いイメージがありますが、実は富裕層にとってはお勧めの銀行です。一般的に有名なのは主にサラリーマン向けのアパートローンで築古木造を得意としたパッケージ商品(金利は3%後半)ですが、富裕層にはプロパーローンという選択肢があります。

あくまで資産形成を目的とした融資ではなく、相続対策を目的とした資産防衛という建付けになるかどうかがプロパー融資のポイントです。明確な境界線はないのですが、一つの目安として「このままでは相続税が発生してしまうので不動産を購入して相続税対策をしたい」という購入理由が認められるかどうかになります。

この銀行のプロパー融資の場合、強みは大きく分けて2つあり、①融資期間の柔軟性、

②長期固定金利があります。

まず、融資期間ですがかなり柔軟性があります。特に土地の評価額割合が高い物件の場合は融資期間が伸びやすく、昭和61年RC（残存14年）の物件で30年融資の当社実績もありました。さらに通常は融資期間が延びると金利が高くなりがちですが、1％に満たない金利での融資も可能なのです。

さらに驚くべきことに、自己資金割合も柔軟性があります。通常は自己資金2割が基準ですが、富裕層の場合フルローンも十分可能なのです。

結果的に、長期融資×低金利×高レバレッジというまさに不動産賃貸経営において非常に有利な環境をつくり上げることができるというわけです。

これだけでもかなり素晴らしい強みですが、上記に加えて長期固定金利というカードもあり、資産家のサブリースニーズに応えるため、35年固定金利で1％前半ということも可能であると聞いています。

このように融資環境が揃った銀行なのですが、ほかの大手地銀より少しハードルは上がるという懸念点はあります。逆にいえば高水準の信用を得た富裕層の方にだけ開かれた銀行といえます。

・G銀行

昔から融資方針が変わっていない銀行というイメージがあります。当社はRCメインのため、木造に強いG銀行とあまり接点がなかったのですが、直近の案件で築7年の木造で32年融資、金利2・0％、ほぼフルローンで融資承認が出た案件があります。

大手上場企業の社員や安定している士業への融資に積極的です。昔との違いでいえば、かつては年収の20倍が融資上限目安でしたが、今は年収の10倍が一つの目安となっています。

また、RCは担保評価の仕組み上、修繕費用を保守的に見るため融資額が伸びず、ほかの金融機関に条件で負けてしまいますが、木造の物件では強みを発揮しますので1棟目は木造で買いたいという方には審査が早く（最短で2週間程度で内諾）、お勧めです。

・信用金庫

信金は銀行よりも個別性や柔軟性が高く、最近は取引件数も増えてきました。

いちばんの特徴は独自の担保評価方法です。鑑定評価を取得し、経済的耐用年数を算出することで、長期融資を行っていた某信用金庫は有名です。築古でも35年融資は普通で都心の築古物件では経済的耐用年数70年で計算し、50年融資を行ったという噂を聞いたことがあります。

本来、融資するべきでない方への過剰融資を行ったことは問題ではありますが、経済的な耐用年数に基づいて不動産を評価し融資するということ自体は融資の本質だと思っています。だからこそ世の中にも受け入れられただけに非常に残念ですが、また同じような考え方で融資が行われる日も遠くないかもしれません。

また、当社では首都圏にある信用金庫と多くの取引実績がありますが中小企業オーナー社長やエリア内の地主の方に対しては、融資期間、金利、融資額などの柔軟性が高いです。エリアは信用金庫なので限られていますが、お住まいと物件がエリア内であれば積極的に融資をしていただけます。

積算評価も見ますが、借手の資産背景に応じて自己資金15%程度であれば見込みがあり、金利も1%前半という実績もあります。融資期間もプラス5年程度は柔軟性がありますので、ほかの大手地銀の代案として活用することも良いと思います。

いちばんの強みはスピード感です。もちろん、資料が調っていることが前提ですが、早ければ1週間程度で融資内諾が出て、相談から決済まで1カ月以内で実行することも可能です。

最近は徒歩10分以上の物件は厳しい傾向にありますが、支店がある地域の不動産情報には詳しいため、不動産に対するアドバイスをいただくことも可能です。

金融機関の姿勢

ここまでは当社の実績や印象を基にした、各金融機関の動向について述べてきました。

これらを裏付けるエビデンスとして、金融庁が平成31年3月に実施した「投資用不動産向

図表 4-1　融資期間を法定・経済耐用年数以内に設定しているかの分布

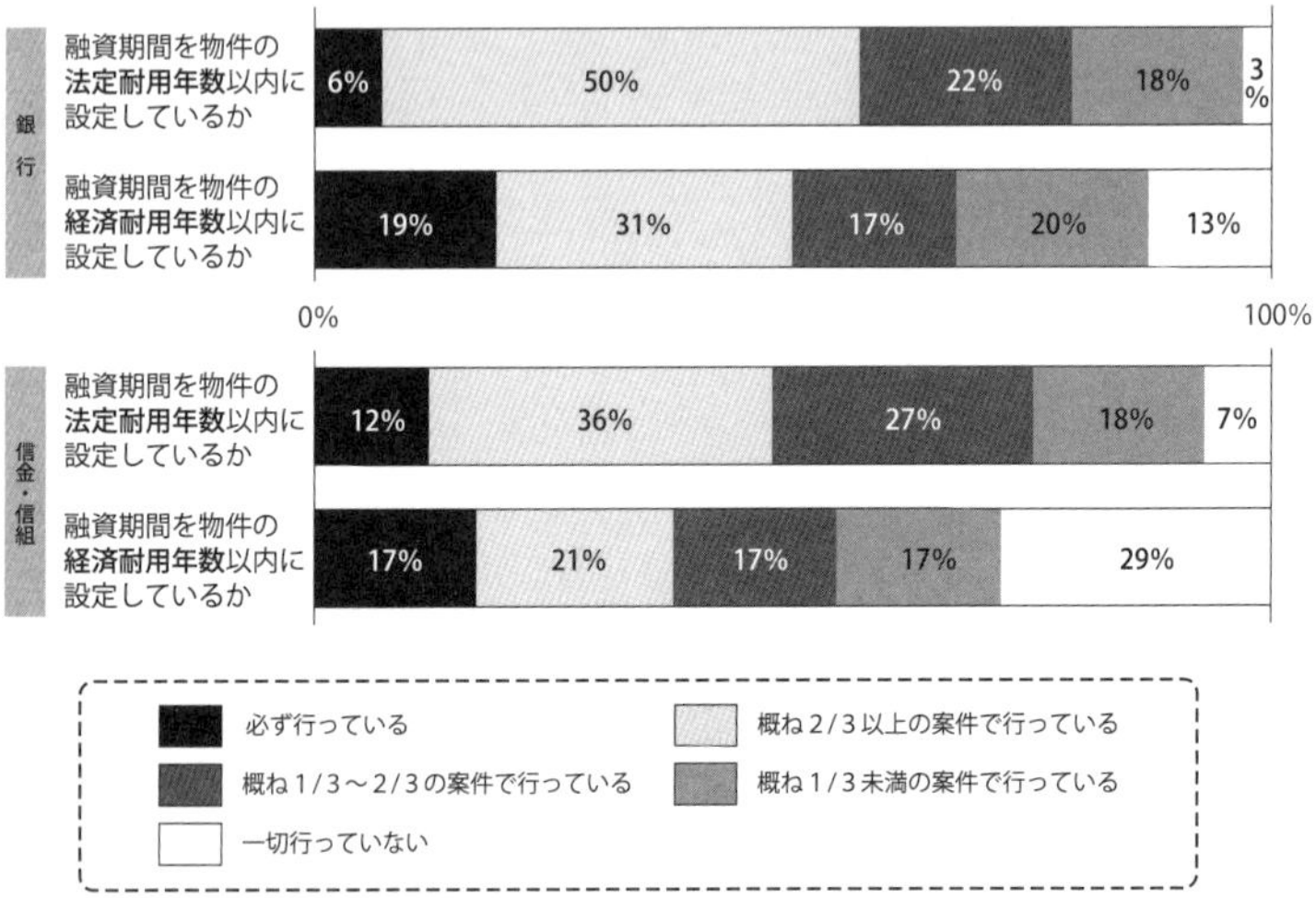

集計対象：
法定耐用年数は、有効回答のあった 115 の銀行、304 の信用金庫・信用組合
経済耐用年数は、有効回答のあった 115 の銀行、302 の信用金庫・信用組合

出典：「投資用不動産向け融資に関するアンケート調査結果」金融庁調べ　2019 年 3 月

け融資に関するアンケート調査結果」の内容を見ていきます。この報告書でも、新富裕層が融資に有利であること、融資期間に柔軟性があることが読み取れます。

まず前者についてですが、アンケートに回答のあった１１５の銀行のうち95%が、３０５の信用金庫・信用組合のうち91%が一棟物件融資への返済能力を検証するにあたり、物件の収支のみならず顧客の給与収入等も考慮していると回答しています。

もちろん「考慮している」とい

う言葉にも大きな幅はありますが、単純な物件の利回りによって融資条件を判断するのではなく、物件の収支と融資対象者の給与収入などの個人属性を総合的に判断する金融機関がほとんどだということが分かります。

報告書内では「物件の経常的なキャッシュ・フローのみで債務を返済できる見込みがなくとも融資が実行されるケースもある」との記載があります。

また、後者についても、融資期間を「法定耐用年数」もしくは「経済的耐用年数」以内に設定しているかどうかという質問がなされています。その回答が前ページのグラフです。

このグラフに表れているように、全体的な傾向としては法定耐用年数を重視している金融機関が多いことは事実なものの、「必ず法定耐用年数以内である」という金融機関は銀行で6%、信金・信組でもわずか12%に留まっています。

このように、そもそもの一棟物件融資に対するハードルが上がっていることは事実である一方で、その基準をクリアする高属性の方々に対しては柔軟性のある条件での融資が可能であることが分かります。

金融機関は〝何〟でなく〝誰〟に貸すのかを判断している

融資を実行する銀行は、〝何〟ではなく〝誰〟に貸すのかを判断しています。
例えば都市銀行はシンプルで、〝誰〟は〝地主〟が該当します。前提として不動産を買おうというサラリーマンには貸さずに、地主もしくは大富豪にしか融資をしません。

地方銀行が貸すのは、もちろん地銀にとってＶＩＰの会社のオーナー一族や地主がメインですが、昨今の経済状況では、メインのお客様の資金需要だけでは金利も低く、収益が上がりません。

新規で大きく融資を伸ばすのに不動産投資は打ってつけなのです。しかし、金融機関としては事業に対しての融資なので事業リスクをどう抑えるか（担保するか）がポイントになり、物的担保としての不動産だけでなく、人的担保として債務者の資産背景（高属性であること）を重視して融資したいのです。ここでの高属性とはまさにサラリーマンの上限を超えた層、今なら年収２０００万円超で、金融資産が５０００万円超の人が当てはまります。

一方、都市銀行は代々続いている地主をターゲットに相続対策を謳い文句に営業をするのが主流です。

地方銀行も営利企業です。経済環境が厳しいので、融資を伸ばしていかねばならない状況に陥っています。そんななか、手っ取り早く、収益性が高く、しかもある程度グロスも担保価値もあって返済計画が描きやすく、貸し手がお金を持っているという意味で、不動産投資はほかの融資対象と比較してローリスクなのです。

ただその結果、破たんしたりトラブルを起こしたりなど過熱し過ぎた側面もあるため、お金のある人に貸さないとまずいという方針を金融庁が打ち出しています。

そのため、今金融機関にとってターゲットとなる人たちがより優位に立つという結果になりました。この層が「新富裕層」です。本業の給料で稼ぐ力はあるので、投資物件のキャッシュフローは単体で回りさえすればいいのです。

多法人スキームは今でも可能なのか

多法人スキームとは複数の法人を所有して、それぞれの法人の債務を金融機関に隠して、融資を受けて物件購入をするという、「銀行を騙して行う、規模の拡大手段」です。不正融資問題が露呈する２０１８年頃まで、比較的高属性なサラリーマンを中心に行われてきました。

実際のところ、多法人スキームは、今でも完全に使えないわけではありません。ただし、複数の法人を所有していることを開示することが大前提です。そういう意味で、以前開示せずに融資を受けたことがある人は難しいでしょう。

金融機関は皆さんが思っているよりも、はるかに細かく調査をしています。多法人ある場合は、それを自ら開示しないと、信頼関係を築けないので注意してください。

当社では、多法人スキームは開示することを勧めていますし、複数の法人を所有するお客さまが来ても、偽造に関わることに与したり、金融機関を騙したりするようなことは絶対にしません。

なお、多法人スキームを使った人のなかでも、順調に規模を拡大した後は通常の方法で買っていくケースもあれば、虚偽をしたことがバレて酷い目にあったケースもあります。

金利交渉はすべきではない

金利交渉は、私自身は推奨していません。むしろ0・1%にこだわった交渉は避けるべきだと考えています。なぜなら交渉が成立するレベルの属性であれば、金融機関から金利を下げてくるからです。自分から交渉する時点で順番が違うといえます。

0・1%程度の金利のために金融機関と交渉するのは正直時間の無駄です。よく「銀行は雨が降っているときは傘を貸さない」といわれますが、まさにその通りで、余裕のある人にしかお金は貸してもらえません。

そもそもの話として、収支計画と目標値を定め、そこを軸に考えていけば、金利を低くしようという話は出てこないはずです。単純に、目標値に達していないということは、自分の属性なのか、世の中を見誤っているのか、という金利以外の原因があるわけです。

金利の高さ云々という話は、購入前の段階で分かるわけですから、あとになって0・1％程度の金利交渉をするというのはナンセンスだと感じます。

私は新卒でノンバンクに勤めました。そこでは、三菱、三井、住友、三和、富士、第一勧銀、東洋信託、三菱信託など、さまざまな銀行の人たちが来て、本音を聞くことができました。通常は自分が勤めている金融機関しか知ることができないので、これは非常に価値のある経験でした。

そのとき学んだのは、融資というのはシステマティックなものだと考えがちですが、最後はデータでは表せない定性的・属人的な部分で判断しているということです。つまり、誠実にビジネスに向き合い、融資を受けられることに対して感謝することが大切だということです。

考えてみてください。レバレッジを利かせて物件価格の9割も融資をしてもらうというのは、普通のことではありません。それは当たり前ではなく、感謝すべきことです。サラリーマン投資家のなかには、このことを勘違いしている人があまりに多いように感じます。

同じように、経費や税金の考え方にも違和感を覚えることが多々あります。少しでも節税しようと細かい経費の捻出に頭を使うくらいなら、事業を伸ばすことや金融機関の信頼を得る方法を模索すべきです。

どんなエビデンスチェックが行われているのか

そもそも金融機関の求める資産とはどんなもので、どのような確認が行われているのでしょうか。

銀行のいう純資産とは、個人であっても法人と同様で、バランスシートと損益計算書が基本になります。個人の場合、現預金、株、保険、退職金の予定額、所有している不動産、借金など、バランスシートと確定申告ベースの損益計算書ということです。

なかにはエクセルでかなり作り込んでいる人もいますが、「必要十分」という考え方で問題ありません。

バランスシートや損益計算書を作成・開示することで、金融機関の担当者は稟議を書きやすくなりますし、オーナーの人物像が見えやすくなります。不動産会社に対しては、融資のアレンジを依頼する場合は開示したほうがいいでしょう。

ただし、金融機関は個人情報を厳格に取り扱っていますが、一部の不動産会社は管理がずさんなケースもありますので注意が必要です。

第5章

不動産投資は購入後の戦略こそ重要
リーシング力と入居者満足度を高める
賃貸不動産経営とは?

郊外中古RC造マンション投資の鍵は、リーシング力と入居者満足

物件のよさだけでは不動産投資で成功を収めることはできません。特に運用面では、客付け力が重要な指標となります。

リーシング力について解説している本はたくさんありますが、うまく伝わっていない部分も多くあると感じています。それは、管理会社と仲介会社の違いです。

当社は賃貸店舗を所有しておらず地場もないのですが、リーシング力には自信を持っていて、常時96％以上の入居率を保っています。これは、当社のリーシング担当が「管理物件の入居率」を目標としているからだといえます。

一方、仲介店舗は「手数料」を目標にしています。例えば、管理物件の入居率よりも仲介手数料や広告費、家賃保証会社など、あらゆるところからマージンを得ることに重きを

置いているわけです。

つまり、当社のようなタイプはストックビジネスのようなものであり、一方の仲介店舗は単発の手数料商ですので、ビジネスの仕組みが違うということです。もちろん、入居を埋めるという観点では、どちらも同じ目標が設定されています。

ただ当社の場合、自社のなかで物件の売買から賃貸管理まですべて完結できるので、コストを抑えることができています。いってみれば、収益不動産の売買を行う不動産会社と管理会社が共存しているため、賃貸の客付け手数料で大きな利益が得られなくても成り立つビジネスモデルになっています。むしろ空室が埋まらないことで売買に影響が及ぶことのほうが経営を圧迫することになります。

当社と近い形態としては、最近は売買仲介を行う不動産会社が管理部門を持っているケースも増えています。いわば売買仲介系管理会社です。こうした会社も管理で儲けようと思っておらず、むしろ高い入居率をアピールすることが、管理を任せてくださっているオーナー様からの信頼に繋がり、その後の売買にも結び付くので、長期的な経営視点を持っています。

これが管理だけをしている会社であれば、管理手数料が利益の中心となり、客付け会社であれば賃貸仲介の手数料や広告費が利益となります。

また、店舗で営業する客付け会社の場合、店舗運営のコストがかかります。当社は賃貸仲介の人間を抱えておらず、店舗もありません。

店舗運営にかかるコストをその分広告費に回したほうがいいと考えています。

今はネットの時代ですが、管理会社と客付け会社の連携がどれだけとれているのかがキーとなります。どのような客付け会社が強いのかは一概に言い切れませんし、一社に任せて客付けが決まるという時代ではありませんから、管理会社が複数の客付け会社に入居募集を依頼していくのが重要です。

自主管理をして自分で賃貸仲介会社を一件ずつ回るという方も時々いますが、それを本業にしている管理会社に任せたほうが費用対効果は高いです。

この話は分かりづらいかもしれません。そもそもの話として、一口に「不動産会社」や「客付け会社」といっても、例えばＴＶＣＭで見かけるような大手チェーン店は、一見客付け会社のように見えますが、地元では大手の管理会社であるケースが多いです。

直営店舗の他地場の不動産会社がフランチャイズに加入しているケースもありますから、見た目は全国区のショップのように見えて、実態は地場の老舗管理会社であるということも少なくありません。

結局のところ大切なのは、しっかりとリーシングすることです。そのためにどうすればいいのかといえば、非常にシンプルな話です。入退去の管理やクリーニングやリフォーム手配を行い、客付け会社にきちんと情報を周知させること。またＡＤなど、かかる経費をしっかりと配分することです。

物件に関していえば、空室を埋めるには、「キレイにすること」が基本です。

退去になった部屋は迅速に原状回復工事や必要なリフォームを実施することはもとより、一棟丸ごと管理している会社としてエントランス・廊下・ゴミ置き場・ＥＶ・駐輪場など、常に全体をきれいに保っておくことが一つひとつのお部屋の入居促進につながる第一歩です。

購入してからが賃貸不動産経営のスタート

物件購入はゴールではなく賃貸経営のスタートです。新富裕層は購入後にどのように賃貸経営に向き合うべきか、建物管理などコストについてお伝えいたします。

「お金持ちは3代で家を潰す」という話はよく聞きますが、これは初代の才覚で裕福になったとしても、2代目、3代目はお金の使い方が下手なので、資産を減らしていくという意味です。

使い方が下手とは、長期的視点・経営者視点を持たず、目先の損得で物事を判断するということです。「安ければいい」と短絡的に考えていると、そのときは小さな利益を得ても、のちのち大きな損を被るということが経営上ではよく起きます。

ですから、何事も構造をきちんと理解することが重要です。例えば、家賃が1000円上がると聞けばうれしくなってしまうものですが、わずか1000円のために2カ月も空室となっては元も子もありません。

そのためオーナーは、そうした目先の小さなお金のために、大きなところを見失わないようにしなければなりません。

また、客付け仲介店の営業マンは人の入れ替えが激しい傾向があります。オーナー様自ら顔入り名刺を持って挨拶回りに行ったものの、すぐ担当者が離職してしまったという例は珍しくありません。

特に地方は、地主という、管理会社にとってのビッグクライアントの物件が優先されるケースも多いため、自分の物件を後回しにされないために、現地の仲介会社を回られる方も多いです。そこまでしたのに担当者が離職となれば、不満な気持ちもよく分かります。

ただ、理解しておかないといけないのは、地方物件の多くがそうであるように、家賃が安い物件の場合、客付け仲介会社の収益が家賃1カ月分では割に合わないということです。なので、そういった物件は、賃貸募集の際に、高い広告費が必要であることを見越した価格で購入する必要があります。

つまり、表面利回りが高くても、客付けコストや原状回復費を考慮すると、家賃2、3万円の物件は投資に見合っていないというケースも多々あるのです。原状回復費については、今回の民法改正でほとんどがオーナー負担ということになりましたので、特に注意が必要です。

なお当社が郊外型でもリーシングが強い理由は、そもそも賃貸需要の高い場所を選んでいることもありますが、長らく郊外型の物件を取り扱っているため、当社が郊外に強いと客付け会社に周知されているのも好循環となっています。

現在の客付けにおいてネット掲載は必須となりますが、それに加えて地元の客付け業者への周知のバランスも大切だと考えています。

さらにいえば、当社は管理会社でもありますが、主たる事業は収益不動産の売買です。そのため、売買から関わっているケースが多く、物件の修繕歴やレントロールを把握しています。つまり物件の特徴や強みをよく理解しているため、リーシングにもつながっているのです。

満室経営と、ライフステージに合わせた資産設計

高稼働の必要性と、購入後（買い進めや売却など）をどのように考えればよいのでしょうか。

最近、お客様から出口戦略について相談を受けることが増えました。しかし、そもそも30年という長さでお金を借りられることもすごいことですし、完済後も持ち続けるという選択肢もあるわけです。

にもかかわらず、なぜ「5年後に売る」といった戦略を立てる必要があるのでしょうか。5年後の相場は、誰にも読めません。それどころか1年先も、数カ月先でさえも予測が難しいのが経済というものです。

自分にコントロールできないものによって、自身の損益が左右されることは、できるだけ避けなければなりません。

ファンドバブルが弾けたのは、ファンドが「○年後には必ず売却する」ということを決

めていたために、実際5年後に相場が下がっていても売らざるを得なくなったためです。30年間で好きなときに売れるのに、わざわざ5年後に売ると決めてしまう理由はないはずです。毎年「今は売り時か？」と検討する必要はあるものの、最初に確定する必要はありません。

むしろ「5年後に売れたらいいなと思っていたけど、市況が悪いから持ち続けよう」とか「3年だけど、今売ったほうがよさそう」、もしくは「急にお金が必要になったから売ろう」といった判断を自分でできることが長期投資の強みです。

したがって、イメージを持つことや毎年の定点観測・市場把握は重要ですが、「必ず○年後に売る」というこだわりを持つ必要はないのです。

総合的経営判断をサポートする管理会社を選ぶ

私は物件購入においてバランスを大切にすべきという考え方を提案しますが、購入後もバランスが必要です。

長期修繕計画に関しては、新築アパートを買う人の場合、20年経った中古アパートがどうなるのか理解したうえで新築を買うのならいいのですが、新築物件しか見ないのはリスクがあります。

また不動産会社との関係性についても、私は違和感を覚えます。あなたは不動産会社を「コンサルティング会社」として見ていますか、それとも「下請け会社」として見ていますか。

「安ければいい」と考えるのは、下請け会社に対しての発想です。下請けだと見ているのなら、下請けのような会社しか選べないでしょうし、逆にコンサルティング会社だと思って見ているのなら、それにふさわしい会社と出会えるはずです。

私自身、管理は「当たり前の積み重ね」だと認識しています。当社のお客様には、すでに他社から物件を購入している方もいます。

ただそのなかには、管理状態がひどいケースもあります。先日、中国人のお客様に本牧の物件を買っていただいたのですが、あることで非常に感動されました。

というのも、当社では販売後1年間の保証をつけているのですが、今回、購入してから1年経たないタイミングで室内にカビが生えたため、数十万円かかる作業を当社で負担したのです。それに対して「そんなことまでしてくれるの？」と感謝していただきました。

そのお客様は「ほかの物件も買いたい」と言ってくださり、当社からも物件情報をいろいろご案内していたのですが、他社で良さそうな物件があったから買う、ということでその物件を買われました。

しかし、毎月の送金レポートが遅れたり、入居状況も悪かったりということで当社の担当者に「2年間は購入した業者に管理を出さなければならないが、満了したら御社に頼みたい」と言ってくださいました。このようなことがあると、私たちとしても非常にモチベーションが上がります。やっぱり間違っていなかったと思うのです。

管理については、数の論理が働くので、管理戸数が3000戸もしくは5000戸といったラインを超えないと、ビジネス的に生産性が高いとはいえません。

当社の場合、そこまでの戸数にはなっていないのですが、売買があるので会社全体としては成り立ってはいます。そうでなければ管理戸数が多い会社でないと厳しいといえるでしょう。

特に、繁忙期に原状回復の業者に依頼する場合、やはり発注数が多い管理会社の依頼が優先される傾向にあります。繁忙期に暇な原状回復業者というのは、仕事のクオリティが低いから暇なのであって、言い方は悪いですが〝安かろう悪かろう〟のケースはやはり多くなりました。

そういったことを考え合わせると、管理会社として力を入れるべきポイントは、どこにお金や人をかけるかという話になるのですが、先ほどお伝えしたように、仲介店舗を持つことよりも、質の高い工事業者を迅速に手配したり、入居者様からのリクエストに丁寧に対応したり、送金レポートを1日でも遅らせなかったりということになるのです。

そうしたことは当たり前のことです。しかし、当たり前を徹底して行うことこそが信頼や信用の根源になると考えています。

当社は、単に不動産の管理を請け負うのではなく、フリーペーパーやメルマガの配信、オーナーサロンや感謝祭といったコミュニティ形成のための場の提供などを通じて、多角的な視点からオーナー様のサポートをさせていただくことを目指しています。

第6章

社会を豊かにすることが
長期的利益の最大化
不動産にかかわるすべての人に幸せを

不動産の本質的価値を追求する

社内でもよく話していることですが、努力により道を切り拓き、人生を豊かにしてきた人に対して、「自分の力で成し遂げたてきたのだ」と思っている人がいます。しかし実際に道を切り拓いてきた人は、「多くの人の力・助けがあってこそ成し遂げられた」とおっしゃいます。当社がお付き合いさせていただいている新富裕層の方もそうです。自分一人の力で資産を築けたわけではないという想いを持っているから、本当に豊かな人は「世の中に還元する」という姿勢を大切にされているし、だからこそ豊かになった、ということができると感じます。

商売の基本は、信用・信頼・ｗｉｎ－ｗｉｎ・お互い様といったものです。新卒採用活動の中で出会う大学生の方たちに不動産会社のイメージを聞くと、「ノルマがある」「儲かりそう」「営業色が強い」という声を聞くことがありますが、いずれも本質的ではありません。

私が伝えているのは、次のようなことです。

土地とはそもそも誰のものなのでしょうか?

今でこそ、土地に線が引かれ、それぞれに法律で所有権が割り当てられていますが、地球46億年の歴史を振り返れば、土地が個人の所有権に紐づけられるようになったのは、ここ最近のことといえます。

神様が与えてくれた、という表現が適切かは分かりませんが、奇跡的に誕生した地球という星の、限りある土地という資源をどう活用していくべきなのか。私は、不動産を通じて、不幸な人を生み出してはいけないし、みんなが最も幸せになれる使い方をされなくてはならない、と考えています。

この想いが、当社の経営理念「不動産にかかわるすべての人に幸せを」の根幹にある想いです。不動産を扱う仕事というのは、個人の方の大切な資産を扱うというのはもちろんですが、社会の公共財を扱うという意味でも、崇高な仕事であるという自負を持っています。

私がこの想いに行きついたのは、35歳のころです。小学生から幼稚園までの娘が3人、専業主婦の妻がいて、住宅ローンが5000万円残っているという状況で、サラリーマンとしての1000万円超の年収を捨て、独立に踏み切るかどうか、という決断に向き合っているときでした。

学生のころから、「起業したい！」「経営者になりたい！」「自分で組織を創りたい！」という想いがあったので、いずれ「独立をする」ということは決めていました。が、自分が生涯をささげて取り組むものは、本当に不動産でいいのだろうか。そこに迷いはないのか。ということに向き合い、至った想いです。

ここで、少し私個人の話をさせていただけたらと思います。

私は、秩父出身で、幼少期は文字通り野山を駆け回って遊んでいました。大学は東京の大学に行きたい！という憧れがあり、立教大学に進学。卒業が1989年なので、就職活動中はまさにバブル絶頂期でした。

前述の通り、学生時代から、いつかは起業したい！と強く思っていたので、就職先もその観点で考え、リクルートが社内ベンチャー的に立ち上げた金融機関に決めました。

〝不動産会社に仕入れ資金を融資する営業マン〟が、私の社会人デビューでした。当時の公定歩合は3・75％、銀行の長期プライムレートは7・5％、さらに私のいた会社が融資していたのは長期プラス2％の9・5％。なのに、不動産会社が仕入れる物件の利回りはちょっとしたオフィスビルでも3％台。むしろ利回りなんて発想はなかったので、家賃収益なんて気にも留めていませんでした。当時書いた稟議書で今でも覚えているのは、【鑑定価格は10億ですが、昨年までのペースでは地価は120％の伸び率なので、1年後は12億になっています。だから転売すれば必ず儲かります…。】こんな時代でした。

入社直後こそ、融資の営業をしていましたが、間もなくバブルが崩壊してからは、債権回収が仕事の中心となります。その中で、数多くの不動産業者が倒産に追い込まれる経緯を目の当たりにしただけでなく、私が勤めていた会社も、その後、倒産することとなります。

こう聞くと、悲劇のように聞こえるかと思いますし、もちろん当時は大変なこともありましたが、そのとき、どういう人が不動産で失敗するのか、不動産で失敗しないためには何がポイントなのか、を自分なりに深めることができたのは、とても大きな経験でした。

その後、マンションデベロッパーでの土地の仕入れ営業や、プロジェクトマネージャー、経営コンサルティングなどを経験し、2003年に創業に至ります。今でこそ中古・郊外・RCの一棟収益マンションを専門に取り扱っていますが、十八年前、プラン・ドゥという会社を創業した当初は、賃貸マンションに特化し、その管理・運営をすることになるとは、まったく思っていませんでした。

創業当初は、それまでのデベロッパーでの経験・人脈を活かし、個人の方がお持ちの不動産の売却コンサルティングをしていました。その不動産が持つポテンシャルが最大限に生かされる活用方法は何か?を分析・マーケティングし、その不動産に対して最も高い価値を見出してくれる買主さんを見つけ、条件調整をし、売却するという事業です。

うまく活用できずに、不動産を所有していることが負担になっている方や、資産を持っているが故の悩みを多く抱えられて困っている方の問題を解決し、最も世の中のために活用できる人に不動産を引き継ぐ手助けをするという使命は変わっていませんが、当時は、私たちの会社にとってのお客様は、「資産を持っているが故に、悩みを抱えている方」であり、相続などでもともと資産を持っているという地主の方が中心でした。

そのころ、時代は、不動産業界ではファンドバブルと呼ばれた頃でした。バブル時代の地価上昇を前提とした転売益ではなく、収益還元による利回りという考えが常識となり、不動産そのものの収益価値に着目してノンリコースローンが流行ったのもこの頃です。

しかし、2008年、リーマンショックで、多くの不動産会社が破たんに追い込まれる事態となります。平成初期のバブル崩壊で、不動産相場の値上がりに依存したビジネスモデルは成り立たないことが証明され、不動産の収益性が重視されるようになり、リーマンショックの最中とはいえ家賃水準は安定していたにもかかわらず、再び物件価格は下落しました。マクロの観点での理由は有名エコノミストや大学教授にお任せするとして、私の周辺で起こったミクロの下落要因は、調達資金の返済期限の到来でした。ファンドという特性上、運用期間が決まっています。その期間は3年、ないし5年。結局のところ、その期間満了後の売却価格を予想して運用利回りを決めていたのです。

リーマンショックを経て、社会のニーズの変化とともに当社のビジネスモデルも変わりました。それまで、当社が資産のコンサルティングや売却のお手伝いをする際の、「買主」であった、不動産デベロッパーや、ファンドが、それ以上事業用地の購入ができなくなり、逆に保有している物件の早急な現金化を余儀なくされました。金融機関は、不動産会社への融資を一斉にストップし、代わりに個人の富裕層の方への融資に力を入れるようになります。そういった状況を背景に、自社として、専門に取り組んでいくべきことは何なのか？何を強みとして、どの分野で、使命を全うし、理念を実現していきたいのか？という問いに再び向き合い、「一棟モノ収益マンション」の分野で、個人投資家の方の資産形成をご支援させていただく事業に大きく舵を切り、今に至っています。

丹精込めたモノづくり文化の尊重

三十年以上、事業用不動産の世界に身を置く中で、コントロールできるもの、コントロールできないものは何か。時代によって大きく変動するもの、変動しにくいものは何なのか。不動産の「価値」と「価格」はどう違うのか。さまざまな観点からロジカルに分析をし、浮かび上がってきたのが、本書で取り上げている「中古・郊外・ＲＣ」の一棟モノマンションです。

そして、日々投資家の方とやり取りをしている中で、それまでの不動産業界で大きな存在感を持っていた代々の地主や、資産家家系の富裕層とは、まったく違う背景の方々である〝新富裕層〟こそが、この「中古・郊外・ＲＣ」一棟モノマンションの恩恵を一番受けることのできる方々であると強く感じています。

今では、新富裕層の方々が、当社のお客様の中心となり、億単位の取引をし、億単位の資産管理を任せていただいています。そして、ありがたいことに、ビジネス上での接点だけでなく、ご家族ぐるみで会食をさせていただくなど、深いお付き合いをさせていただいている方も多いです。その中で、私が強く感じている、新富裕層の方々の共通点は、真面目な努力で突き抜けてきた方であるという点です。学年に1人はいた、勉強もできて、性格も良くて、みんなから頼られるような……ドラえもんでいう、出木杉くんのようなイメージでしょうか。

本業で素晴らしい実績を積み重ねてこられている方々なので、ロジカルな思考・分析、知性、能力は、当然ながら圧倒的ハイレベルですが、それだけでなく、良好な人間関係を築くことのできる人間性や、コミュニケーション能力にも長け、社会貢献意欲も高いというのが特徴だと感じています。

こういった方々が、なぜ中古・郊外・RCの一棟マンションを選ぶのか。実は、それを考えている中で、こういった方々だからこそ、中古・郊外・RCの一棟マンションが選ばれるのだ！という考えに行きつき、本書執筆を決意するに至りました。

ロジカルに、戦略的に分析すれば、投資としていかに有効か、については本書でお伝えしてきた通りですが、それだけではない魅力を感じてくださっているのだと思います。

その魅力のポイントとなるのは、「現物」であるという点です。金融資産のようにバーチャルな数字の世界ではなく、実際にそこにモノがあり、見にいくことができる。そこに住んでいる人の暮らしがあり、その街の一部として存在している。買った瞬間から、その物件のオーナーとしての生活が始まる。

その物件を通じて生み出した利益は、入居者様に喜んでいただき、幸せにできた対価であり、世の中に生み出した価値でもあり、不動産投資は、それを実感できる場であるわけです。

また、「いいものを長く使う」ということの意義にも賛同いただいていると感じます。丹精込めたモノづくりと、それへの手入れを怠らずに大切に長く使い続けるという美意識のようなものは古くから日本に根付いた感覚だと思います。

私は、この30年間で、延べ10000件以上の不動産を見てきましたが、日本のゼネコンの技術やこだわりには、この精神を強く感じます。どうしたら長く使えるかを徹底的に追及して作られている、そのプライドに、感動すら覚えるほどです。

国の政策としても、大きな転換期を迎えています。不動産業の発展を確保するための官民共通指針である「不動産産業ビジョン」が昨年2019年4月、およそ四半世紀ぶりに策定されました。令和時代の『不動産最適活用』がテーマとなっており、戦後高度経済成長を背景に、都心への通勤圏内にいかに住宅を確保していくかが焦点だった時代が終わり、今ある不動産を社会の資産としてどう活用していくか、が新たな焦点とされています。

少し古い話で恐縮ですが、堺屋太一さんが著書で「知価社会」という言葉を提唱されています。資本主義とは「価値」を生み出すことによって、お金を循環させて、人々をより豊かにしていく社会であり、いかにほかの人が気づいていないところに価値を「見い出せるか」が重要だという考え方です。

こういった、脈々と受け継がれてきたモノづくり、モノを大切にする精神と、社会の大きな変化の中で、本当に価値のある不動産を、専門的かつ最先端の知識と技術で、今の時代最も必要とされる形に再生し、社会に提供していく。それが、新富裕層の方々の価値観に合っているのだと感じるのです。

本業での活躍で、時代を作り、社会を牽引されている新富裕層の方々は、経済活動を通じて得た富を、本業以外の面でも、社会に還元していく権利と、資格と、能力、そして義務がある。その営みの中で、私たちは、一棟モノの収益マンションに特化した、賃貸不動産経営専門家として、その一端を担わせていただけていることを誇りに思っています。

この賃貸不動産経営においては、入居者様の長期的な「安心・安定」の暮らしが、オーナー様の「安心・安定」の収益を生む構造になっています。そして、この両者のｗｉｎ－ｗｉｎの関係を構築することが、私たちの経営理念である「不動産にかかわるすべての人に幸せを」に込めた決意です。新富裕層の方々の、資産運用のパートナーとして、入居者様の暮らしを支える管理会社として、社会の共有財産である不動産の価値の最大化という面で、存在価値を発揮していきたいと願っています。

おわりに

最後まで読んでいただき誠にありがとうございます。

繰り返しになりますが、私は「不動産投資は保守的でいい」と考えています。

新型コロナウイルスの影響で、「土地の価格が下がるのでは……」という危機感を持つ人もいれば、「住居用不動産は大きなダメージを受けないはず」と考えている人もいます。

私は、住居用不動産の家賃や入居率に大きな影響はないと思っています。近年、唯一ともいえる高収益の手段であった民泊もここに来て大打撃を受けており、今後はさらに安定した収益を求める流れが強まると予測しています。


ここ何年かの低金利・金融緩和を背景とした、地銀・信金の過剰ともいえる個人富裕層への不動産融資は、昭和から平成にかけてのバブル、そしてその崩壊を彷彿とさせるものがありました。

当時は何千億から兆単位でビジネスをしていましたが、数千億円規模で投資をしている業者でさえ破たんするケースは珍しくありませんでした。

不動産投資の場合、所有物件数、融資額、キャッシュフロー、金利、稼働率など数値化できる指標が多いため、他人と比較してしまい、競争が目的化してしまうという面があるのでしょう。しかし、単なるマネーゲームになってしまうと、見失ってしまうものがあると感じます。

ブームの最後はいつも「やりすぎた人」がスケープゴートとなり終焉します。追い風の中でこそ、長期的視点と自律心をもって、自分の立ち位置とリスクを冷静に見極めることが大切なのだと思います。

私は一橋大学教授の楠木建さん（著者『ストーリーとしての競争戦略』など）が好きで、著作物を何冊か読んでいるのですが、以前セミナーに行ったときに「オポチュニティ企業」と「クオリティ企業」という話をされていました。

オポチュニティ企業は、時代の最先端に誰よりも先に行ってマーケットを獲得し、その獲得したオポチュニティで稼ぐ企業を指します。ポイントとなるのは「先行者利益」と「規模の経済」。ソフトバンクがその例です。

一方、クオリティ企業とは、稼ぐ力を外部環境に求めるのではなく、企業が内部で創るクオリティが利益を生み出している企業を指します。代表例としてユニクロが挙げられます。経済の成長期には、オポチュニティ企業のスタイルは有効であり、逆に成熟経済下では、クオリティ企業がより存在感を発揮するようになる、というお話でした。

興味深かったのは、クオリティ企業の場合、５００億円くらいの売上で止まるケースが多いということです。たしかに不動産会社も、売上５００億円程度で安定収益を出しながら、それ以上の規模拡大に走らない、という上場企業はたくさんあります。「儲かるから」というだけで、本業以外のことに手を出すようなことはせず、自分たちが中核に据えた事業の質を追求していく。それがクオリティ企業の特徴で、日本にはそうした企業が多いということでした。

一方、オポチュニティ企業の代表例であるソフトバンクは、投資会社としてスピード、決断力、資金力などを武器にシェアを拡大していくビジネスモデルです。同じように、民泊やシェアハウスも先行者利益が大きく勝負を左右するモデルなので、少しでも乗り遅れると利益が出なかったり、今回の新型コロナウイルスのように不測の事態が起こった際のダメージが甚大になったりします。

バブル期、不動産市況の値上がり局面という外部環境に依存して、自社として提供できる付加価値を高めることなく、大きな利益を上げ、一気に上場まで上り詰め、バブル崩壊とともに破綻する不動産業者を多く見てきました。その中で、私自身、外部環境の大きな流れは踏まえつつ、自社の強みや、事業領域を明確にし、専門性を高めることで存在価値を発揮していきたいと考えていましたので、この楠木さんのお話には大いに共感しました。

日本企業の寿命は世界的にも長いとされています。世界の創業200年以上の企業は約5600社ありますが、半数の約3100社が日本に集中。しかも世界に12社しか存在しない創業1000年超え企業のうち、9社が日本国内にあるのです。これは一芸を追求していくクオリティ企業は、寿命が長いという証左といえるでしょう。

投資というと、いかに外部環境の変化を予測し、チャンスを見出していくか、がすべてのような印象がありますが、オポチュニティだけを追求するのではなく、大きな流れを踏まえつつも、自社の事業の質を上げていく、王道のビジネスに力を注いでいきたいと考えています。


少し話がそれますが、私自身、2年半前に世田谷区で自宅用に区分マンションを購入しました。それまで、結婚以来、神奈川県相模原市の淵野辺というところに住んでいました。まさに、本書でも言及させていただいた国道16号線沿線です。

住環境は申し分なく、商業施設も充実。通勤に片道1時間半かかることだけがネックでしたが、娘たちは近くの大学に通っており、淵野辺での生活を家族みんなが気に入っていたということもあり、25年間そこに住んでいました。そして、娘たちも全員社会人になり、長女も結婚をして家を出ることになったタイミングで引っ越しを決めました。

新たに購入した自宅は、昭和59年築のＲＣマンションです。いわゆるスーパーゼネコンが施工し、老舗の管理会社が管理をしているマンションで、私が創業前、マンションデベロッパーとして仕事をしていたころから知っていた物件で、それがちょうど売りに出ているのを知り、購入に至りました。

　このマンションを購入する際の融資について少しお話すると、当初、金利が一番安いと考えてネット住宅ローンに申し込みをしたところ、審査結果は否決でした。理由は教えてもらえないので焦って付き合いのある銀行に相談したところ、無事30年のローンが組めたのですが、昭和59年築の物件という時点で、物件自体の評価はゼロとのことでした。

　実際の耐久性としては、間違いなくあと30年は住める物件なのですが、機械的に計算すると物件評価はゼロという現実をここでも目の当たりにしました。それと同時に、誰でも簡単にローンを組めるわけではないからこそ、その分割安で購入できたという面も、収益物件と同様ということです。

　住み心地という面では、築年数が古いことをまったく感じずに生活をしています。実際に生活をしてみてポイントだと感じる点は３つです。

1つは、やはり内装・設備のフルリノベーションです。2つ目は、そもそもの施工です。日本のゼネコンの仕事は本当に質が高いからこそ、リノベーションを施して時代を越えて安心した住まいを提供できます。そして3つ目は管理です。行き届いた日常清掃や、定期的な点検・スピーディな補修などはもちろんですが、管理人が24時間常駐するなど、建物のハードの面だけでなく、こういった居住者の生活にどれだけ寄り添えるかといったソフト面でも、大きな差別化に繋がっていくと、改めて感じています。

「不動産にかかわるすべての人に幸せを」という当社の理念にある〝すべての人〟とは、売主様、買主様、オーナー様はもとより、入居者様や、建物の工事、清掃をする人、近隣の方などを指しています。

入居者様が当社の管理物件にお住まいいただき、幸せに生活していただくことが、入居期間の伸長に繋がり、稼働率UPに繋がるのは当然ですが、建物の工事を担当していただく業者さんが、この仕事にかかわることに幸せを感じ、やりがいと誇りを持って臨んでいただければ、それだけ提供できる物件の質も上がっていきます。近隣との良好な関係を築くことが、入居者様の幸せにも繋がり、最終的にオーナー様の幸せにも繋がっていくと考えています。

ただ、こういった幸せの循環を生み出すことは、言葉で言うほど簡単なことではありません。それを実現していくためには、私たちがいかに、中古・郊外・RCの一棟モノマンションという領域にこだわり、プロとしての経験値と、専門性と、健全な価値観を磨いていけるかが重要だと考えています。

それが、私たちの追求すべきクオリティです。

本書では時代のリーダーとして活躍されている「新富裕層」の方々に対して「社会全体を豊かにすることが、長期的な真の豊かさにつながる」という私の考える不動産投資の本質について書かせていただきました。

執筆にあたっては株式会社プラン・ドゥの小林美樹さん、河合紘幸さん、中原駿さんとのディスカッションや3人がそれぞれ収集してくれたデータや事例が大いに参考となり、本書の中核となっています。

ここに心より感謝を伝えさせてもらいます。彼ら彼女らを含めたプラン・ドゥメンバーと今後も「不動産にかかわるすべての人に幸せを」の理念を胸に事業に邁進していきます。

杉山浩一

2020年9月吉日

著者プロフィール

杉山浩一（すぎやまこういち）

1966年生まれ。株式会社プラン・ドゥ代表取締役。宅地建物取引士、マンション管理士。1989年立教大学経済学部卒業後、不動産業向けノンバンクに入社。融資業務に5年間携わったのち、マンションデベロッパー、不動産コンサルティング会社、経営コンサルティング会社にて9年間、不動産や経営に関わる。延べ200人の不動産投資をサポート、300件、600億円の取引を担当する。2003年に株式会社プラン・ドゥを創業。「不動産にかかわるすべての人に幸せを」という経営理念のもと、知る人ぞ知る一棟モノ収益不動産の専門家として、賃貸不動産経営について物件購入から管理運営、出口戦略までワンストップで投資家をサポートしている。

本書についての
ご意見・ご感想はコチラ

新富裕層のための戦略的不動産投資

2020年9月20日　第1刷発行

著　者　　杉山浩一
発行人　　久保田貴幸

発行元　　株式会社 幻冬舎メディアコンサルティング
〒151-0051　東京都渋谷区千駄ヶ谷4-9-7
電話　03-5411-6440（編集）

発売元　　株式会社 幻冬舎
〒151-0051　東京都渋谷区千駄ヶ谷4-9-7
電話　03-5411-6222（営業）

印刷・製本　瞬報社写真印刷株式会社
装　丁　　弓田和則

検印廃止

Printed in Japan
ISBN 978-4-344-93077-3　C0033
幻冬舎メディアコンサルティングHP
http://www.gentosha-mc.com/